講談社文庫

地方に行っても気がつけば
チェーン店ばかりでメシを食べている

村瀬秀信

講談社

まえがき

こんな時代になっても、チェーン店ばかりでメシを食べています。

それがいつ何時、たとえ日本のどこにあろうとも、チェーン店は私たち日本人の生活に密接した血肉となり心の風景を象(かたど)るもの。逃れようとしても、カンタンに逃れられやしないのです。

そんなことに気がついたのは、あれはまだ僕が強烈な個人飲食店原理主義者だった頃。ある取材で静岡の漁港を訪れた帰り、「びっくりドンキーに行きたい」と言い出す無粋な若手編集者に強烈なダメ出しをした僕は、「地方出張はネタの宝庫。その土地でしか食べられない地元の名物を食べろ」と、近所で評判となっている飲食店を調べ、地元で人気だというハンバーグ屋へといざなったのです。店の名はさわやかといいました。当時まだブレイク前。はじめてお目にかかる〝げんこつハンバーグ〟は、感動を覚えるほど美味しくて「ほら見ろ」と編集者にお説教くれてやろうかとした時。彼に「すみません。この店、チェーン店みたいですよ」と、メニューにあった静岡県内に散らばる支店リストを見せられ、ひっくり返りました。

まずい。さっき食べたげんこつハンバーグみたいに、肉汁をタラタラと滲ませていた僕は、咄嗟(とっさ)にこう切り返すのです。

「いいか。これが地方チェーン店だ。地方にはその土地にしかない味と、チェーン店がある。その地域の人々に密着したチェーン店。それこそが現代における真のソウルフードだ」

いやー。口からでまかせにしては、我ながらよく言ったものだと感心しますね。日本列島47都道府県。個性も気候も人柄もまるで違うその地方には、その土地土地で独自の進化を遂げてきた、地方豪族のような、ローカルなチェーン店が必ず存在しています。その土地の人を知りたければ、何を食べて育ってきたかを知ればわかるなんて言う通り、同じ日本人でも「551」という数字の羅列を聞いて、関東人と関西人ではある時とない時の顔ほどに分かれてしまいます。カレーにラーメン、回転寿司にハンバーガー。どこにでもある日本人にお馴染みな人気メニューが、地方によってどのような進化の過程を辿ってきたのか。その道筋を知るだけでも、地方チェーンは、身近な異国と思えるほどに奥が深いのです。

その深淵に触れてしまった筆者は、気がつけばせっかく地方出張に行っても、チェーン店でメシを食べるようになっていました。特にこのシリーズ『気がつけばチェーン店ばかりでメシを食べている』を出してからは、「三度のメシよりもチェーン店好きの人」と認識されているらしく、どこの土地へ行っても、皆さんたいへん気を遣っていただき、〝俺(おら)が自慢のチェーン店〟へと連れて行ってくれるので尚更です。いからね！

や、気を遣わなくていいですからね。本当に。正直、高級料理店の方がうれしいです

なんて言いつつ、ネタもどんどん増えて「第3弾は地方チェーン店でやりましょう」と、とんとん拍子に話が進みました。本来ならこの本は、２０２０年の春には発売する予定だったのです。しかし、ご存じの通り新型コロナウイルスの大流行により、世界の風景は一変してしまいました。

海外や地方への出張どころか、会社や学校に行くにも制限が掛かり、ステイホームが推奨されていた世の中では、街の灯りは消え、人の足は途絶え、たくさんの飲食店がやっていけなくなりました。それは全国へ展開するようなチェーン店でさえも例外ではなく大量閉店、倒産が珍しくなくなってしまった飲食店苦難の時代です。

そんな空気のなか、パッパラパーのバカ丸出しで「地方へ出かけて、その土地の美味しいチェーン店と文化を楽しもう！」なんてこと言い出す勇気がありませんでした。ごめんなさい。この時期にやめてしまった店があることを想えば、もっと声をあげておけばよかったとも後悔しています。

ようやくです。２０２３年も夏になろうとしている今、日本はやっと疫病の恐怖を乗り越え「地方へ出かけよう」と声をあげ始めています。この機に乗じて『地方に行っても気がつけばチェーン店ばかりでメシを食べている』、発売させていただきまし

た。筆者が愛してやまないチェーン店をはじめとする飲食店の、せめてもの一助になれば幸いです。

そして、いつものお約束ですが、この本における「チェーン店」については、FC(フランチャイズ)形態やら本社直轄やらのれん分けやらの区分は関係なく、単純に〝複数店がある〟という小学生でもわかる意味で用いております。あしからず。

まぁ、はじめて来る地方都市のよくわかんないチェーン店に入ったつもりで気楽に読んでみてください。

村瀬秀信

地方に行っても気がつけばチェーン店ばかりでメシを食べている

目次

本文イラストレーション／サカモトトシカズ

地方に行っても

気がつけば
チェーン店ばかりで
メシを食べている

各章末のＤＡＴＡ内のメニュー価格は一部を除き各店ＨＰなどで公開されている金額です。なお店舗により価格やメニューその他の変更もありますので最新情報は各店ＨＰなどでご確認下さい。

1

みよしの

【北海道・札幌市】

試みの地平線

北海道に来ている。

筆者は日本で一番美味いものが集まるのは北海道であると信じて疑わない。札幌・ススキノ。この街は目に映るもの、何を食べても美味い。今回はHBCファイターズDEナイト!!の斉藤こずゑアナに「夜中までやってる一番美味い店」として串料理の『はしもと』を紹介してもらい、北海道を堪能させてもらった。新鮮な鶏に、地元の魚、旬の野菜やおでんなど、出てくる料理一品一品にウググと声が漏れてしまうほど美味い。食材だけでも悶絶なのに、串を焼く職人さんのアイデアと技術も素晴らしく、あらゆる北海道の食材が職人の手によって、芸術の域へと昇華される。そう。だから、あまりの感動に思わず尋ねてしまったのだ。「美味いものだらけの北海道で一番は何なのか?」と。

ピクリ。職人は手を止める。瞬間、空気が強張ったのがわかった。

「うまいもの……それぞれに良さはありますが、別格はありますね」

後悔をした。取り返しのつかない質問をしてしまったのか。ゴクリ。息をのむ。

「みよしののカレーです」

午前3時。その場にいた札幌人全員が無言でコクリとうなずいた。忘れていた。彼らはカレーに餃子を入れて食べる人たちだった。

『みよしの』。北海道は札幌に住まう人たちのソウルフード。ラジオのファイターズ中継をつければ、そのＣＭで「４番ぎょうざとカレーみよしの」とコールされてしまうように、札幌グルメにおける心の４番打者はジンギスカンでも味噌ラーメンでも海鮮でもない。『みよしの』なのだ。

「札幌市民にとってみよしのは、美味い不味い（まず）の話ではない。〝みよしの〟と聞けば反射的に欲しくなる」

「あの餃子の薄っぺらい皮。そしてはちきれんばかりのアンがつまった感じがたまらないんです」

札幌市民はカレーに餃子を入れて食べる。『みよしの』がそうしたからだ。

起源は昭和初期に狸小路ではじまった大衆食堂とも言われているが、今の餃子とカレーの形となったのは昭和50年代に入ってから。40代以下の札幌人は生まれた時から『みよしの』のカレーと餃子を食している。当時でぎょうざ１５０円、カレー一杯１９０円。ぎょうざカレー２６０円。

モットーは「早い、安い、美味しい」。吉野家進出前の北の大地で『みよしの』は、庶民の味方となった。

以来40年。市民の愛情は深い。札幌人と酒を酌み交せばかつて『餃子の王将』がススキノに進出した際に、市民のみよしの愛の前にあえなく撤退した歴史を、元寇を語る講談師のごとく雄弁に語るだろう（現在はまた出店しているのだが）。

薄さ０・６ミリという薄い皮で作る餃子と、まるっきりクセがない、どうしたってフツーとしかいいようがないカレーだ（甘口と辛口が選べる）。しかし、これを一緒に食べると、なんともいえないジャンクな幸福感を生む。シンプルだけどクセになり、食べた傍（そば）から食べたくなる中毒症状を引き起こすというのもわからんでもない。それほど餃子とカレーの組み合わせは魅力的だ。中国とインドが一緒になって人口爆発の禁忌を犯してしまう地球的な危うさともいえる。

看板メニューのぎょうざカレーは４２０円。当然、ぎょうざ定食も人気なのだが、「みよしの定食」のように定食の中に、ひとくちカレールーを加える文化がある。たれではなく、カレーを餃子につけて食べるのだ。上級者になると、サッポロラガービールに餃子とひとくちカレーで事を済ますらしい。

狸小路の本店を見渡せば5坪ほどの店内にお客さんが入れ代わり立ち代わりやってくる。サラリーマンや学生だけでなく、女性の一人客も少なくない。郊外では、ファミリー向け店舗や緊急補給用とばかりにドライブスルーまで存在する。

その店に来る誰も彼も、ヒグマみたいなおっさんも、肌の真っ白で美しい夜のお姉さん方も、雪ん子みたいなかわいらしいお子様も、餃子かカレーを食べている。

これがソウルフードというやつなのか。ちなみに『みよしの』は札幌を代表するチェーン店でありながら、余所（よそ）の地域には苫小牧、旭川にいくつかあるぐらい。北海道民でも札幌以外に住んでいる人にはあまり馴染(なじ)みがないという。

そんな『みよしの』が、コロナ前には東京進出を目論んでいるなんて都市伝説ともつかない噂が立つこともあった。今となっては真相は謎だが札幌ドメスティックを捨てて、一世一代の大勝負に出ようというのか。日本人の多くが餃子にカレーをつけて食べはじめた時、この国は何かが変わっているような気がする。

DATA

株式会社テンフードサービス（北海道札幌市）。札幌市内を中心に苫小牧、旭川、千歳などに25店舗。ぎょうざ（6コ）290円、ビールセット720円、ぎょうざカレー550円、ひとくちカレールー160円。

〈北海道・札幌市〉北海道の中心、約196万人が住む大都市にして北海道中の食材が集まる日本屈指のグルメ密集地。[名物] 寿司、豚丼、スープカレー、味噌ラーメン。[その他有名店] 味の時計台（ラーメン）、風月（お好み焼き）、マジックスパイス（スープカレー）、松尾ジンギスカン（ジンギスカン）など。

2

回転寿し トリトン

【北海道・北見市】

ゴーゴートリトン

北海道の回転寿司に行きたい。1年の大半の時間をそんなことを考えながら過ごしている。残りは中洲に行きたい、だ。でもやっぱり北海道がいい。なかでも寿司は最高だ。回転しているぐらいの寿司がちょうどいい。

水平線の終わりには、寿司の天国があるのだろう。食材の宝庫である北海道。キング・オブ・お魚天国。北海道ぐらいになると、回転している寿司でも全然違うとは聞いていた。20世紀の終わり、人生最初の一人旅は青春18きっぷの鈍行列車で函館〜札幌だった。函館の朝市と札幌のすすきので、回転寿司を食べた。何を食べたのかわからない。よくわからないサカナだった気がする。ただべらぼうにうまかった。龍宮城に行ったみたいに記憶に靄(もや)がかかっているが、確かにここは天国だなと感じた。

以来、北海道に渡るたび、回転寿司へ通い詰めている。すばらしい。手放しで天国だ。「なごやか亭」に「根室花まる」。そして「トリトン寿司」らは、そんじょそこらのサカナじゃ納得しない地元民にも愛された北の御三家ともいえる人気店。その中でもトリトンには格別の思いがある。しかし、最初は慄(おのの)いた。なぜなら名前からして海の神、王子様なのだ。その姿は上半身が人間で下半身がサカナ。鶏と豚じゃない。しかもギリシア神話。エーゲ海の魚って、美味いのだろうか。北海道の海の幸を期待しているのに……なんて目一杯に不安にさせておいてからの、トリトンインパクト。

遥かな波の向こうには、夢の寿司があるのだろう。はじめてトリトンを食べた日。

回転寿司の意味が変わった。ひと目あったその日から、恋の花咲くこともある。ツケ場に立った職人さんに「今日担当させていただきます」とご挨拶された瞬間、世の中のすべてがガリ色に見えて、どうしようもない愛を知った。ヤーレンソーラン北海道。さぁ君がヒーローだ。トリトンたかし。職人が握るその寿司を、はじめて口にした衝撃は、今も忘れない。美味い、デカい、仕事が細かくて、安い……それなりに！

ネタはマグロやいくら、サーモンにカニ軍艦なんてテッパン有名どころから北海道ならではのネタまで、地元で獲れた魚介をその都度捌いて出してくれる。イカやタコは「タコの子」とか「タコの頭」なんて、ラインナップも含めて東京の寿司とは別物だと考えたほうがいい。ホタテにほっき貝など貝の類も、さすがギリシアの町が洪水に襲われたときにも法螺貝一発ブオォォと吹いて、瞬く間に水を引かせたという海の王子・トリトンである。その扱いは神の域か。

そして、忘れちゃならない厚切りサンマ。分厚いくせに脂が乗ってて、将軍さまが「目黒のものが最高」といっても「トリトン行け」と正論ぶちたい。ぶたせたい。サンマ以外でも、ネタのひとつひとつが、風の谷のナウシカの世界にでも入ってしまったような生き物イキイキなスケール感。とにかく一貫が大きくて感激する。シャリを優しく包み込むネタのおおらかさ。口に頰張る心地よさ。「でっかいぼたんえび」（530円）なんて、いなたい観光地で「最高級伊勢海老です」と出してきてもだまされるぐらいのスケール感。「炙り焼き天然大穴子」（430円）とてシャリどころか、筆者の貧乏根性であればお茶碗一杯ごはんが食べられるだろう。すごいよ北海道。さすがトリトン海の神。

でもね。ひとつだけ難点があるとすれば、北海道は遠いのだ。しかも美味しいものばかりで一日3食ではとても足りない。思いは募るばかりだった。

そう。ちょっと前までは。

広がる海の彼方から、何が呼ぶというのだろう。2012年5月22日。この日は東京スカイツリーが開業した日ではない。北海道の神秘「トリトン寿司」が道外初出店として東京に店を出した記念日だ。いまやスカイツリーが開業して10年が経つが、あの電波塔、いや「トリトンの塔」に上ったことは一度もない。あそこでキャッチしているものは電波などではない。北海道の神聖なる寿司なのだ。

北海道に行かずとも、墨田区でトリトンが食べられるなんてね。なんて贅沢になったのだろうと、感激していたら、4年後には池袋に出来てしまったのだ。なぜだ。東武。すごいぞ東武。史上最大のファインプレーだ。いまや東武は北海道から海の幸を運んでくるトリトンの舟。あの北海道で食べた寿司の感じが、そのまんまに出てくるのだ。でもやっぱり北海道に行きたい。トリトンに行きたい。今日もまたゴーゴートリトンの歌を口ずさむ。

DATA

北一食品株式会社（北海道北見市）。札幌市内を中心に北見市、旭川市、東京など15店舗。北海道エリア138円（いももち）、176円（大海老）、231円（本まぐろ赤身、たこ頭）、275円（生ほっきひも）、319円（ほたて、本まぐろとろ）、374円（醬油漬けいくら）、473円（牡丹海老）、583円（活つぶ）など。

〈北海道・北見市〉北海道北東部オホーツク圏で最大の都市。人口約11万人。［名物］ほたて、玉ねぎ、ハッカ、焼肉、北見塩焼きそば。［おみやげ］赤いサイロ、ハッカ樹氷、ほたて醬油漬け。

3

ラッキーピエロ

【北海道・函館市】

函館ハンバーガー共和国

函館。希望の新大地。かつて幕臣榎本武揚や新選組の土方歳三らが夢を見た、北海道共和国の本丸が、現在ローカルチェーン店の理想郷と化している事実はあまり知られていない。

「ラッキーピエロ」。函館という街を体現するようなこのご当地ハンバーガーの奇跡。創業者は王一郎氏。この〝王〟と〝イチロー〟という世界に冠たる名を持ちながら、「ローカル」に魅せられたラッキーピエロは、１９８７年の創業以来、何があろうと函館の外に店を出すことを禁忌とする〝超地域密着〟の信念の下に成長を遂げてきた。市内では世界チェーンのマクドナルド、ケンタッキー、モスバーガーらナショナルチェーンを相手に一歩も引かないどころか、それらを凌駕する住民の支持を得て、函館の代表的ソウルフードとなっている。

個性が過ぎる17の店舗は、「森の中のメリーゴーランド」（ベイエリア本店）、「ハンバーガーミュージアム」（戸倉店）、「オードリー・ヘップバーンが憧れだった」（江刺入口前店）なんて、店のひとつひとつに独自のコンセプトを持たせており、メニューもハンバーガーだけでなく、店によってはカレーもチャーハンも、カツ丼や焼きそばなど、１４０種類にもおよび、それがしかも美味いという、ハンバーガーショップの括りでは表現しきれない函館屈指のグルメスポットであり、アミューズメントパークであり、街の社交場という唯一無二の存在。それを地元の人らは敬意をこめて「ラッピ」と呼ぶ。

まるで異国で出会ったサーカスのように、その独自で奇妙な存在は大きく分けて3つの特徴がある。

まずは①「超地元密着型経営」。函館で生まれ、函館で育ったラッピは、これまでどんなに札束を積まれようとも、FCでの都心出店、海外出店の話は断るなど、地域の発展が自らの発展として共存共栄を大方針としてやってきた。地元の発展のため〝地産地食〟を基本とし、野菜や米などの食材は全メニューの80～85%を地元の農家から直接買い付けているだけでなく、地元の海岸の清掃や、公園への植樹などのボランティアを積極的に行うなど環境問題にも取り組む。他県の人が取得したことで函館市役所ですら自由に使えなかった〝100万ドルの夜景〟という商標権を買い戻し、函館の公共財としてフリーに使えるようにしたこともあった。いうなれば函館との運命共同体。チェーン店でありながら、地元の食堂的な関係性が強く「パートの○○さんにとても親切にしてもらったから時給アップしてあげて」なんてアンケートがあったかと思えば、「裏の雑草が伸びているからそろそろ刈った方がいいです」と注意してくれる人、さらに「私、刈っておきました。ついでにトイレットペーパーも替えておきました」なんて勝手にやってしまうお客さんまでいるという。この地域と店の不可思議な関係性は、函館の人々に愛され、観光都市である函館に多くの人に来てもらうことこそが、自らの発展に繋がるという信念ゆえに成し得た結果。

　そこで出されるハンバーガーやカレー、カツ丼などの食事類は②「ウマくてデカくて超楽しい」。看板メニューの「チャイニーズチキンバーガー」は、王一郎氏の〝おふくろの味〟にしてご当地バーガーの頂点に立つ超人気バーガー。その他、カレーやオムライスなどのメニューも「お母さんの味の次、2番目にうまい」を謙虚に謳っているが、その盛りは「とにかくメシをたくさん食わせたい」母親マインドそのもの。なか腹いっぱい＝幸せの価値観の下、すべてのメニューが大盛り仕様になっている。なかでも飛び抜けているのが全高約16㎝、ミートパティ2枚、コロッケ、目玉焼きなど6段重ねとなっている「THEフトッチョバーガー」。「お客様の健康と幸せをお祈りします」の声で、まわりから写真を撮られたり、店からは完食記念の表彰状をもらったりと、店内には面白くも奇妙な空気ができあがる。

　ここまででも、十二分にラッピの奇特性は理解いただけたと思うが、この世界観を決定的にするのが③「天下無敵のサーカス団」である。簡単にいえばポイントカードである「サーカス団員」制度は、500円買い物するごとに貰える「ピエロ」（ポイントのこと）で準団員↓正団員↓スター団員↓スーパースター団員と4段階にランクアップ。階級ごとにもらえる権利や還元率が変わるのだが、最上級の「スーパースター団員」はある意味、函館市民の憧れともいえる特権階級。ピエロ数でいえば３６００（14万４０００円分）でスーパースター団員になれる超難関は、かつては合格すれば店長がわざわざ感謝状と共に家まで出向いて、任命されていたという最大の誉れ。現在５０００人ばかりがいて、実質ラッピの売上の7割を支えているというまさに主力の花形的存在だ。彼らは店でハンバーガーができあがれば名前を呼ばれ、新メニューの開発研究にも参加して意見をいうことができるなど、もはや身内同然。そう、ラッピというサーカスは、お客さん自身が団員であり、一人一人が強制ではなく、自発的に〝俺たちの店〟と意識することで育ててきた。１４０のメニューはお客さんからの希望を採り入れていくたびに増えてしまった証。だからこそ、お客さんは、自ら店の雑草を刈ることもすれば、ボランティアにも参加する。フトッチョバーガーで盛り上がっては、歩き回って知らない客同士で談笑するなどの、奇妙なコミュニケーションが生まれているという。

市場規模が限界まで膨れ上がってしまった外食産業において、ラッピという奇妙で特殊で濃密で面白すぎる地方のモデルケースは、コロナ禍を経て、より注目を集めはじめている。ハンバーガーの独立王国は世界を変えるのか。

DATA

有限会社ラッキーピエロ（北海道函館市）。函館市内に17店舗。チャイニーズチキンバーガー380円、THEフトッチョバーガー1012円、オリジナルカレー484円、オリジナルラキポテ385円、キャラメルナッツシルクソフト418円など。おみやげにラッキーガラナなど。

〈北海道・函館市〉北海道南部の観光都市。人口約24万人。[名物] 朝市、いかめし、塩ラーメン、五島軒のカレー。[その他有名店] ハセガワストア（やきとり弁当）、函太郎（回転寿司）、函館美鈴（喫茶店）、いか太郎（居酒屋）など。

4

居酒屋 弁慶

【青森県】

おやじが漁師の説得力

ごらんあれが竜飛岬北のはずれと、心の中のリトル石川さゆりが指をさしていた。しかし残念それは下北半島だったりする冬景色の津軽海峡連絡船。デッキにたむろした見知らぬ人たちの「青森のサカナは日本一だ。陸奥湾、日本海、太平洋と3つの海を持ってるんだからよ」なんてのろけ話をうつらうつらと聞きながら、函館から4時間弱の船旅で到着したのは青森港。船着場から中心街までは約3キロだ。これぐらいならへいちゃらだろうと、寒風吹き荒ぶ海沿いの道を歩きはじめたのだが、ものの5分で「天は我々を見放したぁっ」なんて北大路な弱音が口を衝いて出てくる津軽の夕暮れ。

遭難寸前で辿り着いた中心街。さて何を食べようか。サカナだけなら駅近くの青森魚菜センターで名物「のっけ丼」か。いや、凍えた体で市場のなか丼に載せる海鮮を探し回っていたら往生してしまう。あったかいもの。駅横に青森煮干しラーメンの「長尾中華そば」があるが、やっぱりデッキのおっさんたちが話していた美味い青森のサカナが食べたい。なんて妥協できぬまま見渡した青森駅近くの新町交差点。そこには「おやじが漁師だから年中新鮮!!　旨い!!　安い!!」なんて主張がデカデカと躍るビルが立ち塞がっていた。

〝おやじが漁師だから……〟。なんて自信なのだ。北国が持つ「おやじ」という組織の長への信頼。そして実際に稲尾和久、幕之内一歩、鳥羽一郎と山川豊が証明してきたように、おやじが漁師だと下半身が強くなり、こぶしも回り、それよりなにより新鮮で美味しい魚が食べられるという絶対的な真実。

ド派手にライトアップされたその店の看板には「居酒屋弁慶」とあった。

青森県第2の都市、南部地域にある八戸市は太平洋に面した日本屈指の水産都市。居酒屋弁慶はこの八戸を本拠地に、青森県内と盛岡に8店舗を展開しているようだ。最大のウリは八戸漁港に自社の漁船「弁慶丸」を持ち、太平洋を泳ぐあらゆる魚を、さながら五条大橋を渡る武芸者が如くバッタバッタとなぎ倒しては即提供してくれること。さらには独自流通で市場から浜値で仕入れた、その時しか獲れない魚介類を出したりと、「おやじが漁師」の強みをフル回転。八戸のヤリイカやサバにヒラメ、陸奥湾のホタテなど、青森の海を股に掛けた海産物オールスターが組まれるのだ。

ああ。どうしてうちは親父が漁師じゃなかったのだろうか、なんて嘆いてはならない。この漁師のおやじさん、ただの漁師じゃない。美味しいものを集めてくるのはサカナだけに留まらず。十和田バラ焼き、イカメンチ、鯖の棒寿司にホタテ貝焼き味噌、カスペ煮付、煮干しラーメンなどの青森全土の郷土料理がフルラインナップで揃ってしまうほか、八戸名物せんべい汁やあんこう鍋などの鍋物もずらり。さらに、昼のランチ営業では海鮮丼や煮魚定食などがすごくリーズナブルで女性や子供にもやさしい一面を見せてくれるし、持ち帰りになると一転してジャンクなおやじが顔を覗かせ、やきそば、鶏の唐揚げ、あんこうの唐揚げ、豚キムチなどの「メガ盛り・ギガ盛り」の青森と、どこから何を食べようと問答無用で満足させてしまう。

そのメニューの豊富さはとても一度で食べきれるようなものではないのだが、悩みに悩んだ挙句、刺身の盛り合わせとせんべい汁と、鯖の棒寿司にいちご煮（うにとあわびの吸い物）、イカの塩辛と青森地酒。青森りんご酢ハイボールにりんごシャーベットの青森づくしをオーダー。じょんからじょんからと舌鼓を打ちつつ食べた青森はどれも美味く、特に「弁慶特製」を謳うイカの塩辛の滋味深さといったらなんだろう。あまりに美味しくて店員さんに尋ねてみると、弁慶は八戸に水産加工の工場も持っていて、鮮度の高いまま加工品にしているからなんだとか。見ればレジ周りでもサバやイカやいろんなサカナの一夜干しなど、加工品の全国発送もしているようだ。おやじ、やり手すぎる。

しかし、それでもここは青森市。本拠地の八戸やら十和田湖のあたりには弁慶の宿まであるという話。さぞかしサカナが美味く、あずましい宿なのであろう。おやじはグルメの漢（おとこ）がいい。サカナは青森のイカでいい。しみじみ飲めばしみじみと。おやじが漁師の説得力。やはり間違いなかったと腹に染みる、そんな津軽の夜。

DATA

株式会社オフィス弁慶（青森県八戸市）。青森県八戸市、青森市、岩手県盛岡市など7店舗。イカ塩辛511円、八戸せんべい汁858円、八戸煮干しラーメン858円、カスペの煮付け621円、十和田名物バラ焼737円、弁慶漁師鍋1518円。

〈青森県〉3つの海に囲まれ、大間のマグロをはじめイカやヒラメ、ホタテの養殖など海産物の宝庫。人口約120万人。郷土料理多数。［名物］イカメンチ、せんべい汁、煮干しラーメン、いちご煮。［その他有名店］一心亭（焼肉）。長尾中華そば（ラーメン）など。

5

ぴょんぴょん舎

【岩手県】

盛岡の冷麺を知る

俺は何も知らなかった。

冷麺を知っているだろうか。知っているよね。当たり前だ。知っている。冷たくて、のど越しがよくて、焼肉の〆ではクッパとの選択肢に掛けられる朝鮮料理の代表格だ。平壌（ピョンヤン）を旅した友人が「迎賓館みたいなところでとんでもなく美味い冷麺を食べた」と言っていたから、格式も高いのだろう。しかし、これまでの人生、自ら進んで食べる気にはならなかった。なんかゴムみたいだし。冷たいし。スイカとか入ってるし。一度食べたら十分——。

そう思って生きてきた四十余年。俺は冷麺の何もわかっちゃいなかったのだ。なぜ盛岡の名物と言われるのか。なぜ、岩手県にある焼肉屋の看板がこぞって「焼肉・冷麺」とキングオブ外食に並列させているのか。明らかになめていた。わんこそば、じゃじゃ麺に並ぶ〝盛岡三大麺〟のひとつであり「盛岡は平壌と同じ北緯40度だからでしょ」という掻（か）い摘（つま）んだ浅い知識だけが、果たしてこの東北グルメ最高峰の傑作〝盛岡冷麺〟の真の姿を曇らせていたのか。

人生で3度目の盛岡ではじめて食べた冷麺は、俺の知らない食べ物だった。透き通った麺はコシが強くてのど越しもケタ違いにツルツル（本場朝鮮半島のものはそば粉が入るものもあるらしいが、盛岡冷麺は小麦粉が主体）。しかもこの麺がキュッときれいに巻かれている美しさ。

そして、それを包み込むスープよ。コクが違う。牛骨に鶏ガラや野菜でだしを取ったというそれは、圧倒的なうまみの渦が幾重にも襲ってくる。辛さは自家製の〝冷麺専用大根キムチ〟で加えていく。この麺・スープ・キムチの三位一体。また、このナシがいい。「盛岡の人間は季節の変わり目を冷麺のフルーツで知る」とも囁かれる、このナシで辛さを中和し、最後の一滴までスープをすすれてしまう物語の進行役か。

気がつけば酢を入れることも、キムチで辛くすることも忘れて完食していた。ふと周りを見渡すと、各テーブルには「焼肉」のロースター設備がバッチリあるのに、お客さんがみんな冷麺しか食べていないことに気がついた。お嬢さん、焼肉食べないのですか。肉は二の次ですか。そうですか。冷麺は〆なんかじゃないんですか。

この店の名は「ぴょんぴょん舎」。ピョンさんの店だからぴょんぴょん舎。岩手県盛岡市の北上川沿いにある稲荷町本店は、ロッジ風の温かみのある家屋で動物たちがぴょんぴょんと飛び跳ねるように自由で楽しげな空間。同店は1986年の「ニッポンめんサミット」ではじめて〝盛岡冷麺〟という名称を使用したことでも知られている。盛岡には冷麺の原形を作った「食道園」を筆頭に、多店舗展開、TVCMなどで一般家庭へ認知を広めた「焼肉ガーデンペコ＆ペコ」（現在は閉店）。tvk吉井アナも大好き「盛楼閣」。老舗の名店「髭」ほか、ファミリー向けチェーン「ヤマト」「やまなか家」など、個人店・チェーン店のくくりなく「焼肉・冷麺」の文字が見える。

しかもこれが、見事にみんな個性が違い、好みが割れるという。ぴょんぴょん舎はどうなのか。思わず「これを作った者を呼べ！」と海原してしまうと、「くせがなく万人受けする味です」と店長さん。さらには「他のお店とも食べ比べてみて、自分の好みを見つけてみてください」と他店も勧められてしまう、町と冷麺とが共存するピースフルな感じ。感動した。

かつては朝鮮半島の故郷の味を、日本の盛岡で生み直したことで「故郷の味を安売りしやがって」と同胞に罵倒されるなど苦難の歴史もあったそうだが（そのへんのことは店で売ってる『盛岡冷麺物語』〈小西正人著〉に詳しい）今日の盛岡において冷麺、あんたは間違いなく食卓の主役だ。

しかも、である。盛岡の友人の話ではぴょんぴょん舎をはじめ、各店には「まつり」というものが存在するようで、新聞広告やらSNSなどで開催を知った県民は、その期間中、半額などの値引きとなる各店に行列をつくるという。

いろいろすごいぞ、盛岡冷麺。「知らなかったの日本で俺だけ？」という恐怖は確かにある。なぜならつい先日、東京の銀座に出店していることを知った。新三郷にも。ラゾーナ川崎にまで……俺の目には何も映っていなかった。知った気になっているものほど、本物に気づけない落とし穴がある。

今一度。汝、食い改めるべきである。アーメン。レーメン。

DATA

株式会社中原商店（岩手県盛岡市)。盛岡市を中心に仙台、東京、川崎などで10店舗を展開。盛岡冷麺935円。冷麺焼肉セット1600円、ネギニラチヂミ460円、全州石焼ピビンパ770円、生ビール（中）500円。

〈岩手県〉県の南北、旧南部藩・伊達藩で異なる文化を持つ。名物は3大麺を筆頭に三陸海岸の海の幸、酪農も盛ん。人口約118万人。[名物] わんこそば、じゃじゃ麺、福田パン、遠野ジンギスカン。[その他有名店] 南部家敷（和食)、柳家（キムチ納豆ラーメン)、清次郎（回転寿司）など。

6

ナガハマコーヒー【秋田県】

——秋田の朝はナマハゲから

「秋田の朝はナガハマコーヒーから」。秋田ではそんなローカルCMでのキメ台詞が流れていたそうだが、それそのまま創業者ナガハマさんが「いつか秋田県の人たちにそう言ってもらいたい」という熱い想いゆえ。秋田に根差し、地元の人たちに愛される特別なコーヒーを作るために誕生したナガハマコーヒー。その名すらも秋田への愛ゆえにナマハゲのアナグラムにも思えてくるのはご愛敬。悪い豆いねが、悪い豆いねがと、世界中のコーヒー豆から厳選された最高品質の豆だけを取り扱い、こだわりのローストで味覚、風味、抽出方法から雰囲気の創出にまで至る、まさに「From seed to Cup」（農園から1杯のコーヒーまで）で、〝最高〟の名にふさわしいスペシャルティコーヒーを提供してくれる。なかでも各国のコンペティションで評価を得てきた「コンペティション・スペシャルティコーヒー」は3つの抽出方法から選べるトップオブトップ。アイスの方を見れば「世界遺産のアイスコーヒー」の名前のインパクトに慄かずにはいられない。なぜ世界遺産にアイスコーヒーが……というわけではなく世界遺産・白神山地の天然水に、スペシャルティコーヒーを使ったという一杯。深いコクと濃厚さは世界遺産クラスであろう。

そして、フードへのこだわりもすばらしく、スペシャルサンドウィッチにランチのパスタ、あとはモーニングセットのエッグベネディクトなどは白眉の出来である。専属のパティシエがつくるケーキもナガハマの名物。いろいろありすぎて目移りしてしまうが、何が一番いいって一番手軽なナガハマブレンドドリップコーヒーがフツーに美味しいということ。

シックで落ち着いた雰囲気の店内もコーヒーを味わうには最高のロケーション。こんな店と美人と秋田犬が県内各所にいる秋田県人がうらやましくなる。

秋田の正月はなまはげから。秋田の朝はナガハマから。

DATA　ナガハマコーヒー株式会社（秋田県大仙市）。秋田県各所に9店舗、盛岡市に1店舗。ナガハマブレンドドリップコーヒー540円、コンペティション・スペシャルティコーヒー760円、世界遺産のアイスコーヒー590円。［名物］稲庭うどん、しょっつる鍋、オランダ焼き。［その他有名店］佐藤養助商店（稲庭うどん）、秋田比内や（比内地鶏）、ホルモン幸楽（ホルモン）、TREnTA（スパゲッティ）。

7

半田屋

【宮城県】

生まれた時からどんぶり飯

米を喰え。日本人なら米を喰え。東北へ行ったならもっと米を食べなければならない。なぜならお米が美味しいからだ。宮城のお米ウメーコメー。こんな美味しいお米を改良に改良を重ねて生み出してくれたご先祖様。そして今も変わらず守り続けてくれている米農家のみなさまに感謝を捧げつつ、今日も米穀を崇拝しては日本に生まれた幸せと米を噛みしめる。東北だ。仙台に来たら「伊達の牛たん」もいいだろう。「かに政宗」もトレビアンだ。しかし、それらは日常（リアル）じゃない。本当の仙台を知りたければ半田屋だ。白米の闘技場、銀シャリピューロランド『大衆食堂 半田屋』を目指せ。

米を知ればその土地がわかる。半田屋の創業は食糧事情の厳しい戦後まもない昭和29年。仙台駅前のジャンジャン横丁に開店した「めしのはんだや」以来、宮城のお米ササニシキをおなかいっぱい食わせる食堂として東北中の人々に愛され続けている。美味い米にはうるさいであろう宮城の人々を相手に高い満足を与え続けてきた歴史こそが名店である何よりの証拠か。学生時代をこの地で過ごした人ならば「政宗が20年早く生まれていたら今頃首都は仙台だった」と同じぐらいの勢いで、半田屋とデカ盛りの青春譚を語ってくれるだろう。

安くて美味くて腹いっぱい。ごはんを〝めし〟と言ってしまうところに集約される大衆性と豪気な盛りのストロングスタイル。かつては宮城と札幌でのみ展開していたローカル食堂は、21世紀になる頃から「大衆食堂 半田屋」へと名前が変わり、全国展開を開始。女性や高齢者に向けたメニューやデザートなどを採り入れたり、ホームページで栄養士さんが「カラダケア飯」なんて健康や美容に気を遣ったおかずの組み合わせを教えてくれたりと、ずいぶんと見栄えがよくなったが、基本理念である「安くてごはん腹いっぱい」の精神だけは何があっても変わらない。よそから来た人間が驚くというその店の敷居を跨いでみれば、ほかの定食屋とは明らかに何かが違うことが空気でわかる。

まず目に入るのは、看板娘の写真だろう。小さな女の子が右手に箸を、左手にどんぶり飯を持ち、かっ食らう姿と「生れた時からどんぶりめし」のコピー。まるでお釈迦様が「天上天下唯我独尊」とやったかのように、この世の真理と半田屋の使命を説いていただける。まるで宗教画だ。最近ではこの画がグッズ化されヴィレッジヴァンガードなどで売っているとか。

人はパンのみで生きるにあらず。されどごはんがあればなんでもできる。

半田屋は好きなおかずをお盆に取っていくセルフスタイルだ。棚にずらりと陳列された豊富なおかずは、和洋中あらゆる組み合わせが可能。揚げ物・焼き物・炒め物。煮物に小鉢に豚汁、味噌汁。そば・うどんにラーメンもあれば、カレーもカツ丼もある。おかず一皿100円台。かけそば・うどんで200円。カレー、ラーメン300

円とすべてが安いので、あれもこれもと欲張ってしまいそうになる。

そんな数多（あまた）の食材を統（す）べる存在は、やはりラストのレジに鎮座する〝どんぶりめし〟だ。

丁寧にサンプルまで置かれた白米の、サイズはちょい盛・ミニ・並・小・中と5種類もある。

ミニでも180gなので茶碗大盛りのレベル。並はどんぶりめしで並。中は茶碗約3杯分。しかし、肝心の「大」がないのである。いや、昔はあったらしい。さらに「半田屋の大」となればそれこそ仙台では都市伝説の類となり60歳以上の語り部が「まんが日本昔ばなしに出てくるあの盛り」と、かつてあった伝説を今に伝えているようだが、現在は「とても食べられません。中で充分です」と、注文しようにもコマンドを拒否される状態。

それでも、もっと食べたいと望む若者には、最近になって名物の「1kgカレー」が復活していると聞いた。カレーとは別の米1kgである。ごはん3合、ルーが通常の3倍という、昔ココイチにあった伝説の1300gカレーを上回るボリューム。それが、約1000円という破格の安さは、「半田屋で1000円分食べたら一人前の体育会系」と地元で言い伝えられている理由もなんとなくわかるというもの。

ちなみに組み合わせで1000円分食べてみようとしたら、ごはん（中）＋サバ味噌＋麻婆豆腐＋きのこハンバーグ＋豚汁＋サラダでだいたい1000円。やはりどうかしている。

ごはんは常にあったか炊き立てである一方、おかずは棚で冷めてしまっていることも多い。そんな時には店内に常備されている電子レンジで温めればいい。味が足りない？　それならば調味料コーナーでドレッシングにマヨネーズにお酢醬油と好きな味を加えてカスタマイズすればいい。

やはり、この国の王様はごはんなのだと確信する。おかずではサバ味噌や豚汁が人気なように、ごはんに気に入られたものだけが愛でられていく世界。汁っ気の多いおかずが多いのも、そのせいだろう。

DATA

株式会社半田屋（宮城県仙台市）。宮城県仙台市を中心に、岩手県、北海道、青森県、福島県、埼玉県、広島県に22店舗。めし（ちょい盛・ミニ・並・小・中）各種、カツカレー627円、厚焼き卵165円、ひじき煮109円、醤油ラーメン429円など。

〈宮城県仙台市〉人口約110万人を誇る東北最大の都市。夏はホヤ、飲んだ後は仙台っ子ラーメン。[名物] 牛タン、ほや、せり鍋、はらこ飯、ずんだ餅。[その他有名店] 利久（牛タン）、まるまつ（和風レストラン）、かに政宗（かに料理）など。

8

平田牧場

【山形県】

都会でとんかつとひと旗あげる

時代が動いていることを感じている。歴史的なはやり病の蔓延で火がついたか、従来の常識が次々覆され、新たな価値観が根付きつつある。街にはＵｂｅｒ Ｅａｔｓの配達員があふれ、取材も打ち合わせもリモートとなり外にメシを食いにも行けない。この未知なる世界。子供の頃に描いた不安げな未来に、僕らは立っている。

とんかつ食べ放題。夢にも思わなかった。すごい時代だ。あのとんかつだよ。重厚で超攻撃的な、アゲモノの大将。それが無制限って、五社英雄が存命なら豚殺油地獄を撮るであろう大事件。『美味しんぼ』だって「人間、とんかつをいつでも食えるようになるぐらいがちょうどいい」とは言ったが「60分間食べ続けられる人間になれ」とは言ってない。土井勝に認められたかったハズが土居まさるに白いギター貰うぐらい違うぞ。

しかも、この「無限とんかつ祭」を決行したのが、〝幻の豚〟といわれる金華豚を日本で育て〝平牧三元豚〟を作り出すなど、山形から究極の豚を追い続ける『平田牧場』だというからブッタまげなのだ。60分２７５０円という値段設定で、東京進出１号店のコレド日本橋店にて約３週間の期間限定を実施したのは何故なのか。とんかつご意見番でお馴染みかつとんたろう氏を伴い、日本橋へと向かった。

「平田牧場は山形県の酒田市（旧平田村）で、70年以上養豚業を営む我が国のとんかつ重要拠点です。日本の豚の多くは『おいしい』『早く大きくたくさん育つ』『病気にかかりにくい』など3つの特徴をもつ豚を交配した三元豚ですが、中でも〝平牧三元豚〟は、脂っこさを抑え、肉の味がしっかりついた評価の高いブランド豚ですね。それが、なぜ食べ放題なんて……謎ですよ」

首を傾げるとんかつ氏の話を聞きながら、やって来たのはお江戸日本橋。開店直後の午後5時に高級店然とした敷居を跨げば、そこは食べ放題とは対極にある落ち着きのある大人な空間だ。この『平田牧場』は山形の出身であるが、実店舗があるのは東京が中心。しかもミッドタウンに玉川高島屋、丸の内と一等地ばかり。

同じ庄内の農家出身、ライターの田澤健一郎氏が、東京に出てきて平田牧場を見た時「地元にいた頃は〝ＣＭもやっているフツーの養豚会社〟程度だったのに、東京に出てきて随分出世しやがったなぁ」と感慨を得たという。まさに山形上京組の星。今では地元の山形の人たちも「ヒラボクは故郷の誇り！」となっているようだが、その一方で「確かに美味いんだけど、東京で人気だと報道されているからって崇めてしまう、そんな地元が憎い」と田澤さんは涙を流す。

さて〝無限とんかつ〟だ。いきなり豚ヒレ・ロース・メンチがやってくる。普通にロースかつ膳１１０ｇを食べても１６５０円するのだから、無限用に質を落とすのではと疑ったが、肉の旨味も揚げもぬかりなし。いつもの〝ヒラボク〟のいい仕事だ。ただ無限用に肉が１００ｇになっている。やわらかい。食べやすい。これを甘口・辛みそのソース、ポン酢、藻塩にカレーといろんな味で楽しめる。当然、ごはん・味噌汁・寒天キャベツも無限。トンカツサンススムススム　チテチテタトタテテタテタ。間違いない。ここは天国だ。

「40歳越えてアゲモノそんなに食えないよ」と言いつつ、オーダー用紙が次々と宙を舞い、筆者はロース4ヒレ4メンチ2の1キロとキャベツ4杯。とんかつ氏も肉800gにごはんとビール2杯ずつ。小柄女子の編集者、佐藤七海も肉600gペロっといってしまうからアゲモノって恐ろしい。

しかしなぜ食べ放題なんて暴挙をやったのか……理由が掴めないまま会計を頼むと、店員さんに封筒を渡される。封入されていた手紙には「これまで食べ放題はやらなかったけど、コロナでみんな元気ないので自慢のとんかつを腹いっぱい食べて笑顔になってほしい」と記された手紙。そして1000円割引券がついてきた。ああ。中年とんかつの2人は涙目で思う。やっぱりこのレベルのとんかつ食べ放題なんて、フツーではあり得ないのだ。この味は食べればわかる。食べてほしい。東京に出てきて、成功してからも、こうやって一生懸命、頑張ってんだよね。その思いに応えてあげたいねぇ。無限とんかつ祭は終わり、コレド日本橋店も2022年秋に閉店してしまったけど、この志は永遠だ。

この後、胸やけで死にかけた。どんなに油がよくても量間違えたらダメな例。

DATA

株式会社平田牧場（山形県酒田市）。山形県内に6店舗のほか、東京にも出店。金華豚厚切りロースかつ膳2400円、三元豚ひれかつ膳（40g×3枚）1800円、ハンバーグ膳1600円、さくらんぼジェラート400円。

〈山形県〉蔵王や月山などの山々に囲まれ庄内平野が広がる麗しの大地。人口約103万人。五月雨を集めてはやい最上川。秋になれば川辺で芋を煮る。さくらんぼと大泉逸郎。日本一即身仏が多い。［名物］さくらんぼ、板そば、芋煮、米沢ラーメン。［その他有名店］龍上海（ラーメン）など。

9

メヒコ

【福島県】

心の中のメキシコ

地方の観光地へ行くと、しばしば度肝を抜かれるアトラクションと遭遇することがある。

あれは、伊豆だったか。マリリン・モンロー の白雪姫を、タモリ、プレスリー、仲代達矢ら七人の侍ならぬ小人たちが取り囲む……そんなボーダーレスな蠟人形館に併設されるレストランは、何故かメキシコ料理だった。そんなことを思い出した。

福島・茨城の太平洋側地域には、古くから住民に愛されるシーフードチェーンがある。店の名は「MEXICO(メヒコ)」。〝福島の人間は『ままどおる』(代表的な銘菓)をお乳代わりにして、メヒコのカニピラフで育つ〟なんて格言すら持つ地元民密着の心の名店だとか。

カニピラフ?

店名の由来でもある〝メキシコ〟で〝シーフード〟といえば、「セビチェ」(魚介のマリネ)が連想される。筆者は現地で食べたことがあるのだが、食べた場所が下町の不衛生な店だったからか、同行者がサルモネラ菌にやられて死にかけるというたいそうな目に遭(あ)った。その時に筆者も同じ皿のセビチェを食べたのだが、腹の音ひとつ鳴りもせずに「美味い美味い」と頂戴した。以来、セビチェは〝体質に合うもの〟として、好きな料理のラインナップに加わっている。

ところがこのメヒコのメニューには、セビチェがない。いや、セビチェどころか、豆料理にトルティーヤに、辛さが自慢のハラペーニョ。酒の定番テキーラまで、この店には『これぞメキシコの定番』という料理がまるでない。

あるのは非常に上品なシーフードである。特に年間１００万食を出すという名物、殻付きのまるごとが載ったカニピラフをはじめ、タラバガニステーキにカニクリームコロッケ、カニサラダ、カニ味噌クリームパスタと、さながらシャレた「かに道楽」なラインナップ。思わず脳内で中南米ナイズされたデューク・エイセスが「torre torre peach peach」とラテンのリズムで歌いだす。ふと店の大看板となっている〝カニピラフ〟のいわれについての説明書きに目をやると「スタッフがアラスカをはじめ厳寒の北洋に出向いて〜」と、やっぱり、堂々のメキシコ無視宣言。なぜだ。

店内にもサボテンやマラカスを振るパンチョな店員、屋台村を連想させるルチャリブレにホームランキャッチで仁王立ちレフトのアロサレーナ等々、メキシコを連想させるパーツは皆無である。その代わりといっちゃなんだが、このメヒコ、各店の店内には、フラミンゴがいたり（いわきフラミンゴ館ほか）、巨大な水槽の中を美しい魚が泳ぐ水族館風（東京ベイ有明館ほか）だったり、オーシャンビュー（いわきマリンタワー店、大洗店）だったり。その昔はサルを見ながら食事ができる店もあるなど、今でいうところのコンセプトレストランの先駆けともいうべき、強烈な個性をこれでもかと提示してきた。

時にジャングルの一部を切り取ってきたような空間で、フラミンゴを見ながら、時に目の前を優雅に泳ぐ魚を見ながら、カニピラフなどの美味しい名物シーフードを食べる。

目に楽しく、舌に美味しい非日常の幸福空間に、お客人は老若男女の隔たり無く、誰もが満足の微笑みを浮かべている。きっと筆者も同じ顔をしていただろう。そりゃ、料理がべらぼうに美味いのだ。そのうえに、フラミンゴを眺めながらの食事も、なかなか趣深く自然と笑みがこぼれてしまう。

だが、その笑顔の奥には、おそらく誰の脳裏にも消そうとしてもすぐに鎌首を擡げてくる疑問がある。

「なんで、メキシコを名乗ってしまったのか？」

きっと、何十回、何百回とお客から聞かれたのであろう。店員のお姉さんは、まるで動物園のガイドさんのように慣れた口調でその謎の答えを教えてくれた。

「もともとは創業者がメキシコに滞在していた時に、カニ漁へと出たら、目の前をフラミンゴの群れが飛び立ったらしいんです。その光景があまりに美しく感動的だったため、この感動をレストランでもできないものかと、日本に帰ってきてこの店をはじめたと聞いています」（ニッコリ）

なるほど。「メキシコ」で「カニ漁」に出た時に、たまたま目の前を「フラミンゴ」が通過した。その際の感動をね……って。恐るべき個人的な思い出フォトグラフの一幕ではないか。

確かに調べてみると、メキシコでもユカタン半島にあるセレストゥン自然保護区あたりはフラミンゴの楽園と呼ばれてもいる。呼ばれてもいるが、なんていうんだろう。日本好きの外国人が富良野や小笠原で感動し、母国へ帰って〝日本〟という名の豚丼を出すラベンダーカフェや、シーフードのイルカレストランなんて店をやる感じだろうか。いわゆる寿司・天ぷら・フジヤマ・ハラキリなどのトラディショナルジャパンではない、メインストリームから外れた〝知られざる魅力〟の方を汲み取ったのだ。

相当なツウである。

確かに、フラミンゴとカニ料理で「メキシコ」といわれても、最初はピンとこない。だが、店を出る頃には「メキシコにはこんなにいい場所もあるんだ」と感化されている。

もはや、マラカス振ってアミーゴとテキーラを呷（あお）る心のメキシコは、日光江戸村で寿司を食べるのと同義。福島県いわき市出身の筆者の友人T君は「メキシコといえばフラミンゴとカニ料理だろ」と普通に刷り込まれていたように「メヒコ」がメキシコ、および地域に寄与したプラスのイメージは絶大なものであると推測される。

ちなみにこのメヒコ、東京には浅草、有明に店舗があるほか、２０１５年に足立区役所の中にオープンした。区役所の中である。フラミンゴはいない。オーシャンビューもない。サルもいない。そこの名物は熱帯魚が泳ぐ大型のアクアリウムであり、最上階の14階から見下ろすアダチ・ビューイングである。

しかし、ナゼ足立区役所でメキシコなのだろうか。23区最強伝説を数多く持つアダチと世界最強に君臨するメヒコ。その相性はアウトロー的な視点ですこぶるよさそうだが、そんな頭を持って店に来た漫画実話ナックルズ読者はきっと店の美しさとカニピラフの美味（うま）さに腰を抜かす。そして「これが、メキシコ！」「足立区にもこんなにいい場所があるんだ……」となったのだろう。

足立区役所店は残念ながら２０２０年に契約満了で撤退した。それでも現在、アダチ区民の中には福島県民と同様、メキシコ＝カニピラフと言い切る人たちが一定数育っているという。

DATA

メヒコ商事株式会社（東京都台東区）。福島県を中心に13店舗（フラミンゴ館5、水族館3、オーシャンビュー2、ニュースタイル3）。伝統のカニピラフ（殻付きor剝き身）Sサイズ1738円。ハンバーグステーキ&カキフライ1738円など。

〈福島県〉南に東北の玄関口白河の関を持ち、会津・中通り・浜通りの3つの地方からなる〝うつくしま〟。面積全国第3位、人口約178万人。鬼婆伝説アリ。［名物］桃、ままどおる、喜多方ラーメン、福島ブルブル。［その他有名店］坂内（ラーメン）など。

10

みかづき・フレンド

【新潟県】

新潟・長岡・イタリアな三国同盟

日本を陰で牛耳っているのは新潟だという話を聞いたのは高校生の頃だったか。まだ都市伝説という言葉も無く、ユダヤ陰謀論が見向きもされないそんな時代。江戸の頃から日本の政治経済を動かしているのは新潟人だと。まことしやかに書かれていたのは「GON!」か「BUBKA」か「ムー」だったか。悪の暗喩としての〝越後屋〟。田中角栄、佐渡の金山、銭湯に、ジャイアント馬場……。それっぽく書かれた陰謀の材料に嘘つけよと思いつつも、唯一、腹落ちしそうになったのが「日本の胃袋・米を押さえている」という項目だった。新潟のコシヒカリ。美味いもんな。汚い定食屋でも、とんでもない銀シャリが出てきてしまうかの地に日本人は為す術がないもの。バスセンターの立ち食いソバ屋だってカレーを食べる人が9割だ。新潟にいるうちは全食米。パンやパスタを食べるのは無知な旅行者かGACKTでしかない。ずっと、そう思っていたのですよ。

だが、新潟人が古くから愛するソウルフードは「イタリアン」と呼ばれるスパゲティなのである。何なのだ、イタリアンて。ご存じナポリタンが横浜生まれで、本場ナポリの民が「それイタリア人が作ったようわからんラーメンを熱海麺（日本のナポリ）いうのと一緒やで」と失笑するのと同じ、イタリアンもイタリア人知らず。いや、それどころか新潟人以外は日本人でも知らない人がほとんどだ。

その正体は、焼きそばにミートソースを掛けたご当地麺である。昭和35年、新潟市の甘味喫茶「三日月」が東京の甘味処が出していたソース焼きそばに着想を得て、〝お嬢さん　ちょっと変わった焼そばを始めました〟のキャッチフレーズと共におしゃれにソースをぶっかけた「イタリアン」が完成する。そもそも新潟市は明治7年に日本ではじめてミートソーススパゲティを出した「ホテルイタリア軒」を擁する地。「糸魚川ブラック」など、土着の焼きそば文化もあり、何かしらの星座の導きを感じさせる。

この「みかづき」の成功はやがて、南へ約55キロ離れた、花火と米百俵とガトリングの城下町、長岡へと伝わる。ここには「みかづき」とお友達の甘味処「長岡饅頭本舗」（のちにフレンドに改名）が、イタリアンを販売。以後、新潟市の「みかづき」、長岡市の「フレンド」と県下を二分してイタリアンという土着名物が発展した。一時お互いのエリアに進出もしたが、のちに撤退。地元民に言わせれば燕三条あたりに軍事境界線があるイメージらしい。

それはさておき、どちらの町でも、イタリアンは市民権を得て、マックやスタバのように駅やフードコートに必ずあるファストフード店として、幅広い年代に親しまれる存在となるのである。新潟にしかない店だとも知らずに。

とはいえ、この2つのイタリアン。やたらクーポン券がもらえて、ソフトクリームが人気など基礎設計は同じでも、その味はまるで思想が違う。「みかづき」のイタリアンは、酸味強めのトマトソース。他にホワイト、カレー、和風きのこなどがあり。平太麺でしょうがは白。ご一緒にポテトとコーラのセットはいかがでしょうか。

　対する「フレンド」はひき肉たっぷりボロネーゼ風の中細麺でハンバーグ、カレー、オムレツなどがあり。しょうがは紅で、ご相伴は何故かぎょうざ。なのでフォークではなく箸で食べるのだが、マクドナルドよりも早い昭和51年に日本の外食産業ではじめてドライブスルーを常設したドライビングイタリアン。

　この2つで「新潟が元祖だ」。「美味いのは長岡だ」と論争する人もあるようだが、そもそも新潟とイタリアが関係ないのにね。

　なんてことを、バスセンターのみかづきでイタリアンを貪る全盛期の水島新司風のおっさんに言ったら「地図を見て比べてみぃや」と教わった。新潟とイタリアの地図。新潟市がローマで、柏崎市がナポリ。サルディーニャ島と佐渡島。……ぴったりハマるじゃないか、と感心していると、更におっさんが「日独伊三国同盟は長岡の山本五十六は反対しとったが、締結したのは新潟出身の及川古志郎海軍大臣よ」とつぶやく。なるほど都市伝説とは、チェーン店の怠惰な時間の片隅で生まれるのだなと神妙にしていたら、最後にこんなことを付け加えてきた。

「結局な、日本は新潟人が動かしているのよ」

　だからさ、新潟とは、イタリアンとは、一体何なのだ。

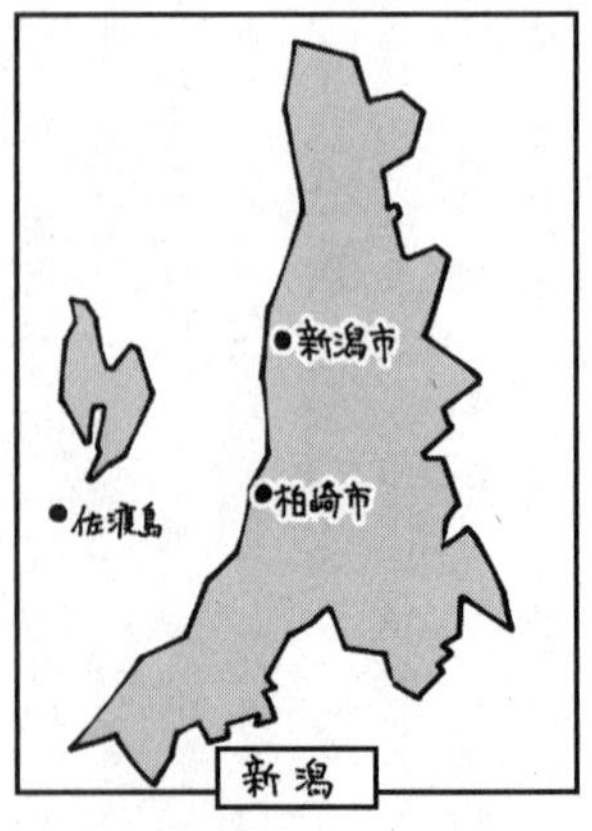

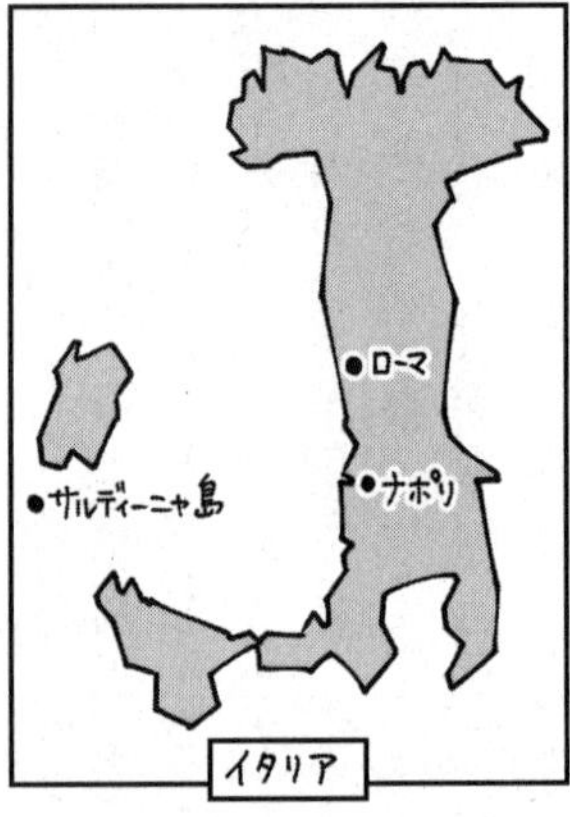

DATA

【みかづき】株式会社みかづき（新潟県新潟市）。新潟県内に22店舗を展開。イタリアン400円、たこやき410円。

【フレンド】株式会社フレンド（新潟県長岡市）長岡、三条、柏崎市に9店舗。イタリアン350円、ギョーザ（8個入り）350円。

〈新潟県〉上越・中越・下越。縦長の土地に趣の異なる越後三地方。共通は米が美味いことと豪雪地帯。海あり山ありスキー場あり。人口約214万人。［名物］ササニシキ、笹団子、へぎそば、もも太郎。［その他有名店］里味（和食）、さる〜ん（ステーキ）など。

11

ばんどう太郎

【茨城県】

おかみさんの店

『美味しんぼ』のアニメ版第1話に出てくるあん肝があまりにも美味しそうだったので、ふらりと那珂湊へ行ってきた。漁港にあるおさかな市場はこの世の天国みたいな場所で、目当てのアンコウ鍋と濃厚なあん肝を堪能して大変満足したのだが、その夜、宿の女将さんが「アンコウのオスはメスに吸収されるのよ、オホホ」とざわつく豆知識を置いて行った。女将ってのはどうしてこう俺らの心を摑むのだ。吸収。あのあん肝の濃厚さは俺たちだったのだろうか……無理しやがって。

茨城県。2021年度県別魅力度ランキング調査で最下位となり県知事が「県民は誇りを持ってほしい」と緊急〝なぐさめ〟声明を出したのも記憶に新しいが、茨城の実力はこんなもんじゃない。冒頭に記した圧倒的な海の幸。陸に上がっても大自然の恵みと、久慈川水系、那珂川水系、筑波山水系、鬼怒川水系、利根川水系と豊かな5つの水系が生み出す農産物に豊富な地酒。常陸牛に奥久慈の軍鶏に水戸納豆。そしてチェーン店の独自展開ぶりも関東屈指だ。中華でいえば泣く子も黙るイバチンこと茨城の「珍来」。行列必至のとんかつ「とんQ」に焼肉の「宝島」。かつて茨城を黄色く染めた「ココス」、和食の「すぎのや」らベテランも数あれど、やはり大看板といえば、親孝行・女将・みそ煮込みの「ばんどう太郎」だ。

ここに寄らなければ帰りの常磐道には乗れやしない。1975年創業にして茨城県下に47店舗を展開する3世代に愛されまくる和食ファミリーレストラン。その経営理念は「親孝行、人間大好き」と往年の日本船舶振興会を彷彿させる人間臭さ故、同じチェーンでも西側発のスピード瞬発系セルフうどんに対し、ばんどう太郎は、2年ぶりに実家に帰った時ぐらい腰を上げさせてくれない。

なにせ入口でいきなり「かあさんの料理には負けるけど、かあさんの心で一生懸命につくります」と宣言されるのだ。もう、この後の予定はすべてキャンセルである。

看板料理の「坂東みそ煮込みうどん」は年間200万食を売り上げる名物中の名物。うどんで1353円かよ！　と一度は驚くも「これなら安いわ」と食後に納得する感じは名古屋の山本屋にも似ている。だが、この味噌煮込み。あん肝に負けず劣らずの濃厚な八丁味噌を使いながらも、名古屋の味噌煮込みほどは重くなく、分厚いレンコン、丸々しいたけ、かぼちゃ、ネギ、豆腐に鶏肉と、具材のひとつひとつがゴロンゴロンで、そこへ水と小麦の恵みたるうどんなど、いくつもの茨城の味が重なり合っているまさに坂東の地の味噌煮込み。これを、頃合いまでぐつぐつと煮るのだから時間が掛かるのもやむなし。

とはいえ、待っている間も退屈はさせない。うどんが来る前の、わかめの唐揚げや石塚さんの美人刺身こんにゃくなんてつまみが実にいい仕事をするし、レジ横の充実ぶりは国内でも屈指だ。「社訓　親孝行」の大看板に、誕生日会か米寿のお祝いをやったような家族の写真。手作りポップのおみやげコーナーもあれば、「ばんどう太郎の由来」まで。それは関東平野の母のやさしさと日本一を誇る利根川の父の励ましなのだとか。なるほど。この空間が実家に帰ったようにとてものんびりした気持ちで素直に待っていられるのはそういう理由もあるのか。

ポイントはみそ煮込みうどんに漏れなく付いてくる「ばんどう太郎君」のロゴ入り前掛けではないか。あの前掛けをつけた瞬間、どんな屈強な男も、やり手のビジネスマンも、強制的に大人の仮面をひっぺがされ、だっぺだっぺと茨城の子供に返るしかないのだ。

そう。すべては彼女の掌の上。ばんどう太郎最大のスター「女将さん」。店内を割烹着姿で忙しく働いているフロアの長。レジ周辺を見てごらんなさい。ロイホのように店長・女将の写真が飾られている。その横には花子という女将の補佐役にして前段階である階級もあって、レジ横には「店長・女将・花子」の三役が揃い踏み。さらに平幕のように「駐車場責任者」「うどん・そば責任者」など店員さんそれぞれの役職が並ぶ。まるで係を決めている大家族。やがてその横に〝客：俺〟というキャスティングボードまでがはっきりと見えてくるだろう。

女将さん。お茶をついでくれたり、料理を運んだり。やる仕事は他の店員さんと変わりないが『女将がデバッてます』というありがたみが違う。いや、それだけじゃない。気がつくぞ、女将は。空になった湯吞を鷹の眼で発見し、食べ終わった食器を颯爽と取り上げる。他の店員と比べると動きが3倍は違う。これぞ土浦の赤い彗星。東(あずま)男(おとこ)にばんどう女将。そんな女将が味噌煮込みを食べ終わったことを確認すると、自社農園でつくっている〝坂東姫〟なるいちごを使ったパフェをおすすめされた。これもまた間違いない。女将の淹れたお茶で夢見心地のまま時計を見たら2時間近く経っていた。「ここは龍宮城ですかね」と呟けば「ちがいます龍ヶ崎の近くです」と返ってくる機微。

　確かにファミレスに比べれば値段は高めで重い。効率も悪く都心への進出もしない。だからこそ、寄らずにはいられない。茨城の疑似親戚の家である。さらに系列の「家族レストラン坂東太郎」は庭園と個室の重装備版。それこそアンコウのオスみたいに一度くっついたら吸収されるほど長居しそうだ。それもまた心地いいのだろうなとは思うけど。

DATA

株式会社坂東太郎（茨城県古河市）。茨城県を中心に関東地方に47店舗。坂東みそ煮込みうどん1353円、貫太郎せいろ858円、坂東肉そば1276円、かつ丼セット1573円、にぎり寿司セット2178円。

〈茨城県〉太平洋に面した肥沃な土地に恵まれた関東屈指の農業王国。JAXAなど日本の最先端技術の研究所とココスがやたら集まるつくば市も。人口約283万人。[名物] 水戸納豆、あんきも、けんちんうどん、奥久慈しゃも。[その他有名店] すぎのや本陣（和食）。サザコーヒー（喫茶店）、珍来（中華）など。

12

宇都宮みんみん

【栃木県・宇都宮市】

ギョーザの国の人だもの

あれは幻でも見ていたのだろうか。宇都宮駅の東口。2022年8月にオープンした北関東最大のおしゃれスポット「ウツノミヤテラス」の賑わいを見ながらそんなことを思った。

いまから5年ほど前のゴールデンウィークのことだ。筆者は「ディズニーランドに行きたい。USJに行きたい」と泣いてせがむ6歳の息子の訴えを押し切って宇都宮で餃子を食べていた。U宇都宮・S酢・J醬油＝餃子とか言って。

なんて不憫な子であるのかと悔いたのも束の間。そこには溢れんばかりの人と餃子が降り注ぎ「USJ」と同認識で脳髄に焼き付けられた黄金色の記憶があった。

宇都宮餃子。それはこの海のない北関東が誇る金看板。その町の象徴を顕す駅前広場の石像は渋谷ならハチ公であり甲府なら武田信玄、岡山なら桃太郎だが、宇都宮は餃子だ。しかもテレビ東京の山田邦子の番組による制作。100年経っても200年経ってもついて回る山田かつてない歴史である。あれ、2008年に東口の再開発で駅西口へ移動する際に雑な作業で像が真っ二つに割れた事件（YouTubeで視聴可）も、意図的に山田を闇に葬り去ろうとしたんじゃないだろうか。

そんな山田が『餃子の町』として宇都宮を売り出す手助けをする発端となったのが、平成元年に総務省が出した家計調査である。ここで宇都宮市は1世帯当たりの餃子消費量が全国1位だったことから平成5年に38店舗からなる『宇都宮餃子会』が設立。宇宙で最初の餃子協同組合に発展した。年に一度の「餃子フェスティバル」を開催し、参加店舗の餃子が全部食べられる「来らっせ」をオープン。参加店舗の餃子をお取り寄せできるHPを作ったりと、凄まじい団結力で餃子の町を全国に誇示した。

宇都宮餃子と言っても、その特徴はひと口には言えないほど多様性に富んでいる。だが、筆者はやはり王道のみんみんが好きだ。北京で覚えた中国餃子に独自の工夫を重ねて完成させたという宇都宮の宝。メニューはヤキ（焼き餃子）・スイ（水餃子）・アゲ（揚げ餃子）の3つのみ。皮はしっかり、アンは肉汁と旨味たっぷり。されどしつこくないからいくらでもいける。宮島町の本店に行くと行列が2時間待ちだ。近隣には人気を二分する「正嗣」の本店もあり、こちらも行列。挙句「餃子通り」と命名された餃子スメル溢るるこの周辺で『GWとは何ぞや？』と問えば真顔で『ギョウザ・ウィークですが？』と返って来る。

このライバル関係は餃子界の縮図でもある。ここまで宇都宮の餃子熱が高まった理由として、2010年まで15年連続餃子消費量日本一を続けた宇都宮から王座を奪った永遠のライバル「浜松餃子」の存在は欠かせない。さらに令和になるとギョ夫の利「宮崎餃子」の台頭によって、宇都宮は一時3位まで後退。「悔しい！」「悔しい！」と嘆く市民。だが、宇都宮の餃子団結力は名物の域を超えていた。耳をすませば「ギョ！ギョ！ギョ！ギョ！ギョーザ」なる歌が聴こえ、餃子消費量日本一奪還アイドルなる女性が街頭演説で『餃子を買え』とアジりまくる。２０１８年には『キスできる餃子』というラブコメ映画までできると、佐藤栄一市長は「餃子は長年、市のまちづくりの柱の一つ」と胸を張る。

この餃子に懸ける情熱。尋常ではない。餃子像があった東口の駅前には、再開発の遅れでだだっ広い敷地が空き地のまま放置されていた。宇都宮では空き地があれば餃子屋が生えるという。やがてそこに「みんみん」と「健太餃子」の「宇都宮餃子館」ができた。そこにある世界を、なんと形容すればいいのだろう。広場には石像の群れ。餃子広場観音、スタミナ健太の像、ゴジラに兵馬俑に横綱…と餃子像の比じゃない混沌。何故かテラス席では恋人たちがライトアップされたイルミネーションの中で餃子。悪い幻でも見ているのか。

「ジャーン、ジャーン」と中華ドラが鳴る。伏兵か。ハッ、周りを見たら人だらけだ。そう、この街では餃子があれば人が集まる。町全体から本気の肉汁がダダ漏れ、人はそこに吸い寄せられていく。ああ。これが宇都宮餃子の力なのか……。

今ではそんな冗談みたいな光景があったことも思い出せないぐらい、ウツノミヤテラスはおしゃれに賑わっている。テナントに入った「みんみん」は今日も行列を作っている。

DATA

株式会社みんみん（栃木県宇都宮市）。昭和33年、宇都宮市宮島町で創業。栃木県内に30店舗（宇都宮市内22店舗）を展開。焼き餃子1人前（6個）248円、「ダブル（2人前）・スイ（水餃子）・ライス」790円。

〈栃木県・宇都宮市〉北関東最大の都市。人口約51万人。宇都宮餃子会の加盟店約80店。世帯年間餃子購入額3763円（全国2位）。［名物］宇都宮餃子、宇都宮やきそば、ジャズ、カクテル。［その他有名店］正嗣、香蘭、健太餃子、満天家など。

13

フライングガーデン

【群馬県・栃木県】

恐怖の爆弾ハンバーグ

不穏だ。この頃、毎日のように北の方から色んな噂が聞こえてくる。昔の日本人ならいざ知らず、現代の腑抜けになった我々では、太刀打ちなどできやしないのではないか。誰もがはじめて晒される圧倒的な脅威。それは、すべてを焼き尽くす黒い悪魔。こんがり焼けた地表が割れると、幾重にも折り重なった赤い肉片が垣間見える灼熱の鉄の板。

ナイフを入れ、ひと口頬張れば、ミディアムレアのやわらかな肉の感触に魅惑の肉汁があふれ出す。ソースは和風、にんにく、山わさび、極うまチーズの4種類から選べます。ご一緒にドリンク＋食べ放題のライスor石窯パンの爆弾セットもどうぞ。

北の爆弾。それは北関東ではハンバーグのことを指す。

北関東の洋食要塞。〝空飛ぶ庭〟ことフライングガーデン。名物「爆弾ハンバーグ」を武器にもち、群馬県桐生市で誕生。宇都宮→桐生→栃木県小山市と本拠地を変えながら北関東を制圧。千葉県にも進出し現在57店舗を展開する。

神奈川の「ハングリータイガー」、静岡の「さわやか」と共に近年世間を賑わせるハンバーグの枢軸国の中でも、〝爆弾〟を謳うそのインパクトは絶大である。

その最終兵器の開発には、壮絶な逸話が残されている。店のＨＰにある物語を紐解いてみよう。

１９８８年。群馬県のイチ洋食店であったフライングガーデンの創業者野沢八千万氏はひょんな事から店の看板メニューの必要性を痛感していた。一時は店に出していたがどうしても納得ができず販売を休止していたハンバーグ。それを改良するしかない。野沢は研究に没頭した。うまいハンバーグとは何か。それだけを求め、毎日肉20キロ〜50キロを使ったハンバーグの試作と試食を繰り返す。わずか数ヵ月の間に野沢の体重は15キロの激増。吐きながらも試作品を食べ続け「このままでは死ぬ」とドクターストップが掛かっても命を賭して研究を重ねた結果、生み出された究極のハンバーグ。それが現在の〝爆弾ハンバーグ〟の原形だという。

爆弾を腹（の中）に大量に抱えて単身飲食業界に切り込む様はまさに飲食版・大空のサムライ。ハンバーガーの母国アメリカも「クレイジィジャパニーズ！」と戦慄する、お肉博士（全国食肉検定委員会から認定されたスタッフ）の異常な愛情。または私は如何にして心配するのをやめてハンバーグを愛するようになったか、ともいうべき問題作。

ハンバーグはその後も改良に改良を重ね、現在も完成形ではないという。熱々の俵形ハンバーグを目の前でスタッフがカットすると、中身は2000年代の生肉食問題以降、珍しくなったレアの赤い肉が見える。それを熱々の鉄板へ押し付ければジュワーと肉汁をほとばしらせながら焼き上がり、北関東の最終兵器・爆弾ハンバーグが完成する。

サイズは200gの「クイーン」、もっとも爆弾のうま味が伝わるという250gの「キング」。そして、200gが2つの「ダブル」があるのだが、この店がどれだけ爆弾に自信を持っているのかは、ダブルの佇まいを見ればわかる。

なぜなら、ないのだ。ニンジンやコーンなど定番の付け合わせが。目に映るものは、真っ黒な鉄板の上に載った2つの黒い爆弾。黒い。どこまでも続く黒い荒野。彩りとか無視。ハンバーグだけ見ろという緊張感すら漂うそのフォルムに、筆者はたまりかね「付け合わせがないのですが……」と店員にヘルプを求めてしまう。

あさはかだった。店員からは「そういうものです」との慈悲なき返答。よく見たらメニューにも「ダブルには付け合せは付いておりません」と小さく書いてある。肉の焼けたニオイだけが鼻腔を刺激する、この北関東の203g高地。群馬県のハンバーガーヒル。脳内では菅原洋一がドアーズの『ジ・エンド』を歌い出すのもやむなしか。

逃げ道はない。前に進むしかない。ひと口。肉汁という名の麻薬が口いっぱいに広がる。ふた口。肉のうま味たる名のモルヒネが人を狂わせる。

これは、うまい。肉のうま味が引き出され、ハンバーグだけで十分に成立する。そのうえ、4種類のソースのうち2種類を選べるのだから飽きるわけがない。

だが、それでもだ。ガーリックライスだけは食べておかねばならない。フライングガーデンのもうひとつの名物は、ハンバーグの破壊力を増すブースター的存在といえる。

そんなふざけた話ができるのも、チェーン店ばかりでメシを食えるのも、爆弾が落ちてこない平和な世があってこそ。爆弾が落ちるのは鉄板の上だけでありますように。

DATA

株式会社フライングガーデン（栃木県小山市）。栃木、群馬、茨城、埼玉、千葉に57店舗。爆弾ハンバーグ和風ソース（キング）1188円、リブロースステーキ2739円、ザ・シーザーサラダ462円、極旨チョコレートパフェ539円。

〈栃木県〉北に世界遺産の日光や那須高原、真ん中に餃子王国宇都宮。人口約190万人。［名物］宮のたれ、とちおとめ、いもフライ、鹿沼そば、佐野ラーメン、かんぴょう巻。［その他有名店］ステーキ宮（ステーキ）、魚べい（回転寿司）、チーズガーデン（チーズケーキ）など。

14

シャンゴ

【群馬県・高崎市】

ベスビオ噴いた、カラッカーゼも吹いた

群馬県高崎市。群馬県最大の人口密集都市。いや、密集はいい過ぎか。人と馬が群れる都市。

高崎観音、焼きまんじゅうに赤い容器のだるま弁当。「音楽のある街」というのも謳っていて、高崎は群響こと群馬交響楽団というオーケストラ。そして、氷室京介布袋寅泰松井恒松とBOØWYを生んだ土地。復活を示唆する謎のポスターが日本で唯一貼りだされたのも高崎駅だった。

一方、地元の人以外にはあまり知られていない名物がある。「パスタの町」。群馬県は全国6位の小麦生産地らしいが、なんでも高崎市は人口におけるパスタ屋の数が日本で一番多い街らしく、スープパスタの発祥も謳っている。

言われてみれば、高崎の山奥にアジトを構える友人のマッドサイエンティスト氏も、生物兵器や毒ガスと一緒に高崎市内の美味しい洋食屋やパスタ屋にも造詣の深いムッソリーニみたいな人だったっけ。

市内には120軒以上の地元に根付いたパスタ店が存在し、あの大手イタリアンチェーンですらこの地への進出をためらわせるという高崎。市議会で「高崎市の形はイタリアに似ている」と議員が本気で発言してしまうほど、この地を「パスタの町」たらしめた店。それが、県内8軒中4軒を高崎市内に展開する「シャンゴ」だ。

昭和43年創業という50周年もとうに過ぎたイタリアンの老舗。香川県民や山田民のうどんのように、高崎市民を古くからパスタに慣れ親しませていたのはこの店の影響が大きいという。

問屋町にある本店は、レンガ造り風の建物にイタリアの国旗と、パスタの要塞を想起させる重厚さを漂わせ、店の前には昼間から尋常ならぬ行列。洒落(しゃれ)たエントランスには表彰状やらイタリアントリコローレに塗られたダルマ。見ると「キングオブパスタ優勝」とある。シャンゴはこの「総選挙以上に市民が盛り上がる」と噂のパスタのトップを競うコンテストに2回優勝している。まさにパスタの保守本流。イタリアの中曽根康弘的存在なのである。

「高崎パスタ」。その大まかな定義は、〝量が多くて安いこと〟。お上品な店内とはウラハラ、実に庶民的である。さらにメニューを見ればミートソースやボンゴレ、ペスカトーレなどの定番の他に、ボスコマーレ、リボルネーゼ、モンテマーレ、ジュリエッタなんて多分本場イタリア語のメニューも。まぁ「カラッカーゼ」なんてグンマネイティブが混じっていても気づかないほどチンプンカンプンだ。その幾つかの横に貼られたダルマ印のシールは麺に高崎産小麦「きぬの波」を配合した〝高崎スパゲッティ〟を使っている印だとか。……いい感じだ。そこかしこからやたらと、できる感じが漂ってくるではないか。

どれも美味そうであるが「シャンゴに来たら、絶対に食べろ」といわれている名物

「シャンゴ風」を頼む。高崎を代表するパスタ店、その看板の名を冠したメニューは、高崎＝これ。何が出てくるかと楽しみにしていたら、とんかつがドーンと載ったミートソースが出てきてひっくり返った。

土着！　本格イタリアンと思わせて土着！　子供も大人も大好き、ミートソース＋とんかつ。しかも、これを草津の湯もみ女が如くぐちゃぐちゃにかき混ぜて食べるのが正しい作法らしい。茶色に染まった食卓は、飾るものなど必要ない。秘伝と呼ばれるミートソースは甘めで野菜のうま味や深みが凝縮された重厚な逸品。ここに、ぐんま麦豚のとんかつである。本気、豚気、クレイジーミートソース。ボリューム満点のそれをぐちゃぐちゃにして食べれば、赤城おろしと三木おろしを体に感じ「うまい」という言葉以外出てこない。

さらにもう一品。シャンゴには「ベスビオ」という同店発祥を謳う高崎市民なら誰もが知る名物がある。イタリアのベスビオ火山の名の通り〝辛い〟トマトソースに魚介のパスタ。海のない群馬で魚介なんてヤボは言わない。そもそもこのパスタ、辛味噌ラーメンから着想を得たそうだ。土着！　他にもメニューを見れば知らないものばかり。東京から1時間の場所に独自の進化を遂げたパスタの楽園。シャングリラ、シャンゴリラ。高崎にお出かけの際は是非どうぞ。

DATA

シャンゴ株式会社（群馬県高崎市）。群馬県内に8店舗。シャンゴ風Mサイズ1080円、ベスビオMサイズ990円、カルボナーラMサイズ1030円、ミックスピッツァMサイズ880円。お得なセットメニューもあり。

〈群馬県・高崎市〉。人口約37万人と群馬県最大の都市だが県庁所在地は前橋市。自然と文化があって県内の幸福度3位。[名物]焼きまんじゅう、だるま弁当、うどん、こんにゃく。[その他有名店] おぎのや（峠の釜めし）、登利平（鳥めし）、おおぎや（ラーメン）、野郎めし（定食屋）など。

15

ぎょうざの満洲

【埼玉県】

天国へ続く餃子温泉

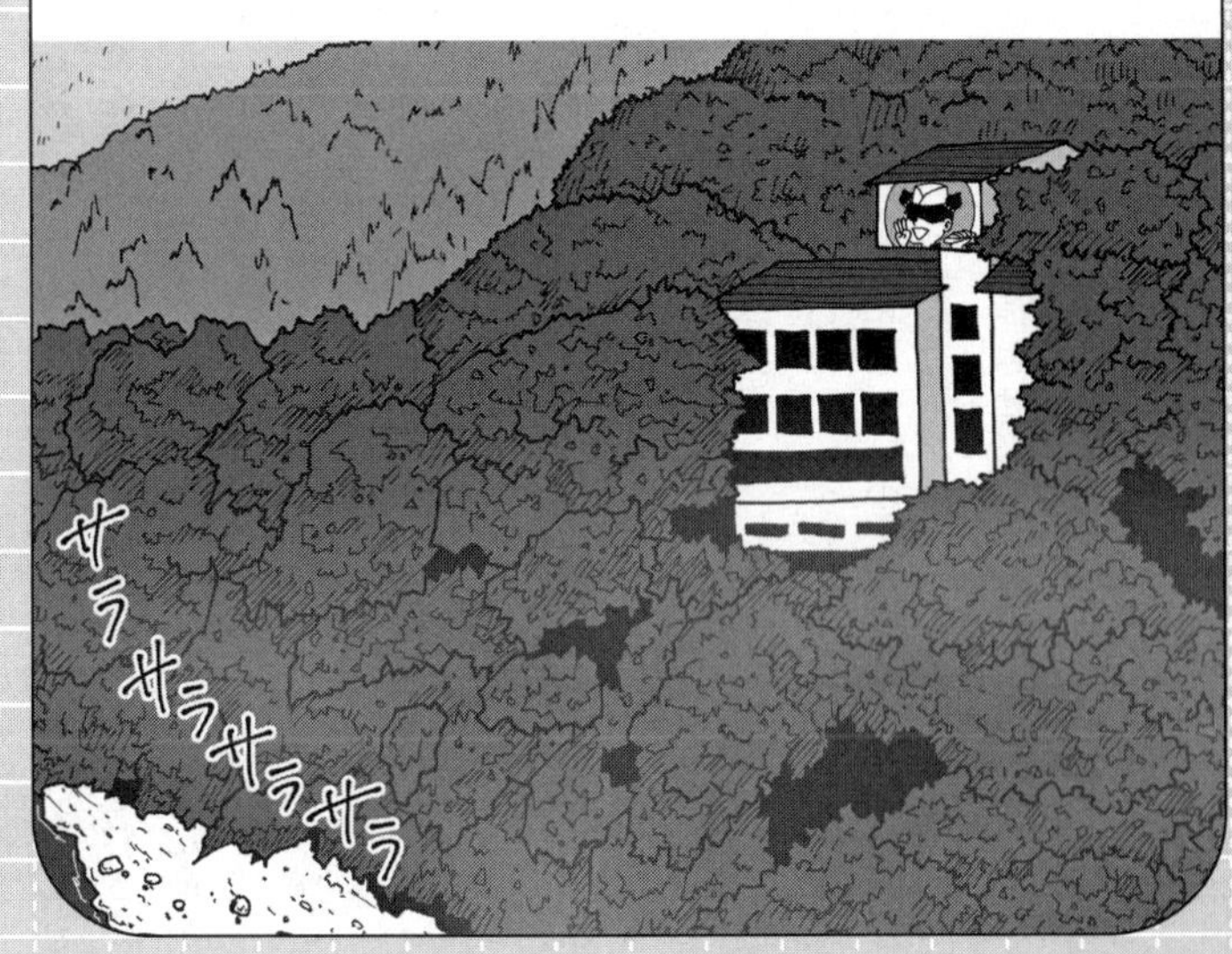

群馬県の山深い渓谷に湧出する鄙(ひな)びた温泉郷にその宿はある。片品川のせせらぎを耳に、露天風呂で大自然の景観と舞い散る雪の風情を愉しめば、湯けむりの先に淑やかな美女がひとり。微笑みながら立てた指は3本。なんだ。宇野宗佑の定宿か？　いや違う。ランちゃんだ。うまい。安い。元気で3割うまい‼　でお馴染み『ぎょうざの満洲』のランちゃんではないか。

私はついに来た。群馬県は沼田市。老神(おいがみ)温泉にある「ぎょうざの満洲　東明館」。ギョーマンファンなら知らぬ者はいないだろう。埼玉・東京の西武／東武沿線が中心のぎょうざの満洲であるが、ここ老神温泉は創始者にして初代皇帝・金子梅吉会長の故郷という特別な地。CMソングでもある「私たちには夢がある」は餃子の満洲かキング牧師しか宣言できやしないだろうが、その夢はギョーマンファンたるもの「いつか東明館に行きたい」であるべきだ。

ただ、この「東明館」はギョーマンの保養施設ではない。その創業は満洲事変より古い1930年という超老舗旅館である。2009年に経営不振で倒産した同旅館の湯を惜しんだ会長が、買い取って翌年に全面リニューアルオープン。温泉はそのままに、飲食部門にぎょうざの満洲を一店まるごと超合体させたことによって、この世にも奇妙な〝中華レストラン温泉旅館〟が誕生したのだ。

ほのかに漂うは硫黄とニンニクのかおり。戦慄せずにはいられない。会長が守りたいと惜しんだその温泉のすばらしさ。弱アルカリ性で単純硫黄の泉質は自家源泉100%の掛け流し。無加水無加温とろとろでやわらかくかなり上質の類であることがわかる。特に渓谷沿いにある露天風呂は最高だ。凍てつく空気に雪がちらほら、湯気の先に落ちては消えて、頭寒足熱いい塩梅（あんばい）。それは、ミスマッチの妙味といえばいいだろうか。この世のどこにもない感覚だ。いい悪いじゃなく、消えやしないのだ。どんなに極楽気分になったとて「ここはぎょうざの満洲である」という概念が。トリップを一瞬にして現世へと引き戻す。あれ。こんなにいい湯でも、夕食は懐石じゃなくてギョーマンだ……という最高級とジャンクの頭寒足熱。ハードとソフトの不一致によるプログラムエラーは、次第に白濁の湯で茹でられている自分が水餃子に思えてしまい、やがて温泉旅館の常識なんて露と消え失せると、頭の中はビールと餃子しか描けなくなるのだ。

ロビー横に「ぎょうざの満洲」があった。ほんとにそのまんま。さっき、受付でチェックインしてくれた仲居さん……だと思った人が、せっせと餃子を運んでいる。かくいう自分もランちゃんマークの〝ぎょうざの満洲作務衣〟を着こなしている。男が緑で女がオレンジ。周辺には飲食店もあまりないため、店の中にはただのギョーマンとして使う一般客も紛れ込んでいる。

オーダーはビールと餃子。あっという間に出てきた待望のコンビは、やっぱり満洲のそれなんだけど、温泉の効果なのかいつもよりさらに3割うまい。そして、次第にものすごい贅沢をしていることに気がつくのだ。メニューは10品がつく「東明館特選コース」（3000円）があったり、今はなきエビチリを出していたりと一部特別な料理があること以外はどこにでもあるギョーマンである。だが帰らなくていいのだ。これがイイ!! むちゃくちゃに、それこそ、力尽きるまで、ぎょうざを食って飲んで、飲んで飲まれて飲んだら、そのまま布団という〝天国に3割近いギョーマン〟。オッサンになるまで生きてきて、本当の贅沢ってこういうことじゃないかなと本気で思ってしまった。

翌朝、目が覚めたらちゃんとした温泉旅館だった。朝食はやさしいラインナップで普通だなと油断したらやっぱりぎょうざがあった。朝風呂を堪能した後、湯上り処で出会った70代のご婦人は「月に1回必ず来るのよ。安いし」と、3泊4日の長逗留をキメていた。つまり9食連続ぎょうざの満洲という斬新な湯治だ。その効果はともかく、1泊朝食付きで6000円。3割うまくて安い。この餃子旅館、掛け値なしにおすすめです！

DATA

株式会社ぎょうざの満洲（埼玉県川越市）。全国で100店舗以上。大阪や兵庫にも出店している。ダブル餃子定食700円、チャーハン500円、満洲ラーメン500円、レバニラ炒め480円、生ビール中ジョッキ490円。【東明館】群馬県沼田市の老神温泉。1泊朝食付7500円（1室2名以上。1名1室の場合は2100円割り増し）、日帰り入浴700円。［宴会プラン］ランちゃんコース（7品）2100円、飲み放題（90分）＋1500円。パーティールーム（全4室）あり。予約は2ヵ月前の月の1日より。

16

るーぱん

【埼玉県】

メニメニハッピー&ドリーム

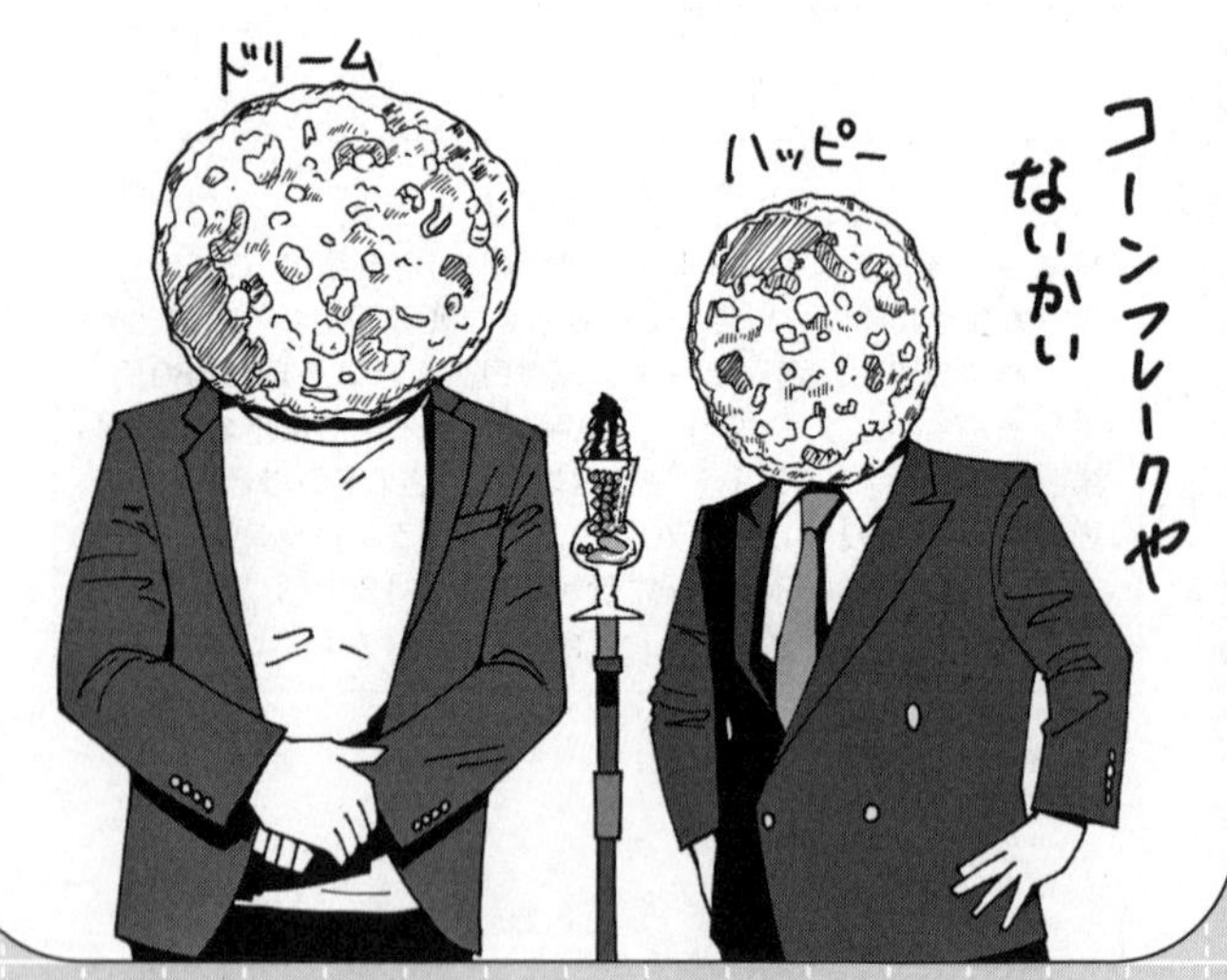

「埼玉県人にはそこらへんの草でも食わせておけ」

最近この言葉をよく聞く。なぜ今さらなのか。先日もたまたま見たニュースで春日部のスーパーが「そこらへんの草天丼」を販売して大人気だと報じていた。いまや『翔んで埼玉』を観たことがなくとも、日本人の殆どがこの世界観を知っているようにも感じる。

それはいつか来た「ダサイタマ」の道。1982年に魔夜峰央がこの漫画を描いた背景にタモリの同発言の影響があったとされるが、その後、地に堕ちた埼玉のイメージは〝彩の国〟運動などで必死に主権を回復。2002年埼玉県議会における土屋義彦知事（当時）の「もはやダサイタマという声を耳にすることはない」発言は、「もはや戦後ではない」に匹敵する歴史的事実としてサイタマ史に今も語り継がれている。

そんな先人の努力を無に帰す「草でも食わせておけ」の復活。いまや趣味に勤しむ枯れタモリの意思とは無関係に、40年前のアングラ芸人タモリの怨念が時を超え令和の世に蘇った事実に、地方ディスの根深さはタタリにも似たりと身震いするのだ。

さらに「そこらへんの草を食べさせても文句を言わないだろう」、という埼玉県人への偏見は「海なし・名物なし・魅力なし」と嘲笑され、B級グルメとチェーン店しかないと論(あげつら)われた埼玉の食事情にも繋がっていく。

しかし、時代は好景気の価値観とは大きく変わった。B級もチェーンも今の時代、特段恥ずべき文化ではない。サイタマという関東平野の北部、可住地面積比率全国第3位の土地に生まれた安定の都市型ベッドタウン。名物だ観光資源だといちいち踊らされないからこそ生まれた独自のチェーン文化は、日高屋、安楽亭、がってん寿司、和食のとんでんなどの全国規模のチェーンを生み、ステーキのどん・どん亭のようにこの地で力を蓄えた店も多い。南西の要衝所沢を守る山田うどんとぎょうざの満洲。武蔵野うどんの竹國に、深谷の串焼亭ねぎ。北浦和で食べた百歩ラーメンと、埼玉の県道を車で走れば、あらゆるチェーン店が次から次へと思い出走馬灯のように流れていく。15年ぐらい前に東松山あたりのジョナサンに若槻千夏のサインが飾ってあったのも、なんかすげえ埼玉ぽくて感動したなぁ。

埼玉県が〝ダサイタマ〟だったあの頃に生まれ、3つの時代を越えて今の今まで県民に愛され続けているピザとパスタのレストランが2つある。ひとつは1972年に熊谷の小さな焼肉店からはじまった「馬車道」。その後、グループ化しモダンな建物と文明開化時代をイメージした世界観を持ったピザとパスタのイタリアンを中心に、焼肉、和食などを埼玉県全域に9業態で112店舗を展開するまでに成長している。

もうひとつは「るーぱん」。馬車道から遅れること2年の1974年に熊谷で創業。ピザとスパゲティを武器に一時は関東各地に36店を展開したが現在は6店まで減少している。

最近では歌手で俳優の星野源が学生時代に通った店として注目を集めたように、今の30代〜50代ぐらいの埼玉県人に聞くと「学生時代に世話になった」とエライ熱を持って語られる思い出迷子の青春レストラン。他県民と一緒に行くとだいたい温度差で変な空気になる。

ログハウス風の店構え。100を超えるメニューなど同店の特徴は数あれど、すべては創業当時から息づく〝ハッピー・ドリーム精神〟へと行きつく。ピザのサイズ大(27センチ)が「ドリーム」、小(17センチ)は「ハッピー」という独自単位が常識化しているが、これは「日々の生活の中で小さな幸せを感じ、それを喜び励みとして大きな夢を持てる人に」という想いが込められているのだ。

こんなおじさんでも入口のカウンターで勇気を出して「メニメニ(ハム・イカ・オニオン・あさり・エビなど)のハッピーをください」と告げれば、失笑もされずにそこからピザ生地を広げて窯で焼いてくれる。ちなみにハッピーで650円、ドリームで1300円と学生価格。毎週金曜日はドリームでもハッピー価格になる大盤振る舞いもありがたい。

スパゲティではボンゴレ。トマトソースの赤と魚貝ダシの白。残ったソースにバターライスを入れて食べることを店自らが推奨する、お行儀の悪さも安くて美味い小さなハッピーを求めたるーぱんらしい。そんな思想故に和風の「みそボンゴレ」や「カツカレートマトスパゲッティ」なんて珍奇なメニューも当然美味い。土産でも売っているアンチョビドレッシングはネット販売だと2〜3ヵ月待ちと超人気だ。

〆の「ビッグビッグパフェ」もその大きさに昔は驚いていたが、M－1でミルクボーイを見てしまった僕らは「コーンフレークやないかい」と言ってしまうスレスレのかさ増し。これを隠そうともしないのがるーぱんなのだが、こういった大らかさ、ドリームでハッピーな雰囲気が「ダサイタマ」らしさだとしたら、ダサいはちっとも悪くない。まるで夢と幸せという霞を喰う仙人だ。冴えないサイタマの学生だった星野源だって、その言葉を復唱し続けたおかげで、天下のガッキーと結婚というメニメニハッピードリームを手にしたじゃないか。夢があるなあ。埼玉県人にはドリームとハッピーでも食わせておけ。

DATA

ゴンドラ株式会社（埼玉県行田市）。埼玉県内に6店舗。ピザプレーン（ドリームサイズ：27センチ）600円、マルゲリータ740円、赤・スパゲッティプレーン495円、カルボナーラ820円、ビッグパフェ480円。

〈埼玉県〉人口約733万人を誇る東京のベッドタウン。海はなくとも自然とファミレスの宝庫。熊谷は日本一暑い。［名物］武蔵野うどん、すったて、東松山やきとり、ゼリーフライ。［その他有名店］山田うどん（うどん）、馬車道（ピザ）、がってん寿司（回転寿司）、田舎っぺうどん（武蔵野うどん）など。

17

ホワイト餃子

【千葉県・野田市】

白い魔術師

ホワイト餃子。それは白い餃子のファンタジー。

餃子チェーン隆盛の現在にあって、北は宮城から南は佐賀まで支店・技術連鎖店が23店を数える餃子帝国である。

1960年に創業した帝国の総本山は千葉県野田市にある。野田市民の食卓には醤油と同じ頻度で『ホワイト餃子』が上るなんて話も真顔で語られるソウルフードと化したこの餃子。店では朝から生餃子の販売が開始されるのであるが、そこには本日の売切れ予想時間のボードと共にこんな注意書きがある。
※午前9時の販売開始前に売切れる場合がございます
崩壊直前のソビエトか。

壮絶である。〝同じ人の来店は週に一度だけ〟と限定する。一日に約2万個を売り上げるその厨房には、ひとつひとつ手作りでこしらえた白い餃子がずらり。驚きの白さこそが、その名の由来かと思えば、創業者が餃子の作り方を教わったのが中国人の白(パイ)さんだったという話。ナゼ、英訳してホワイトか。ナゼ、野田の店の前にモアイ像か。ナゼ、巣鴨の技術連鎖店は『ファイト(ホワイト)餃子』なのか……。

WHYと言いたくなる謎だらけだが、店名の由来が何であれ、『ホワイト餃子』はいつもどの店でも多くの客でにぎわう。展開の規模に差こそあれ、一店あたりのにぎわいで見ればあの最大手チェーンよりエグい。餃子がラーメン、カレーに次ぐ国民食と言われて久しいが、それでもこの局地的な人気は異質だ。

こんな話を聞いた。ある高名な教育者の教え子が鍋の店を開くことになった。教え子は一番に自慢の味を先生に食べてもらいたくて、試食会を開いた。心配性の教師は鍋の試食会に『ホワイト餃子』を持参してくるなりこう言った。

「どんなに鍋がまずくとも、これを入れておけばお客さんに満足してもらえる」

教師は極度の心配から良かれと思っての行為であったのだろう。教え子自慢の鍋にはドボドボと『ホワイト餃子』が投入されていたという。

この絶対の信頼感はなんだ。教師が野田の出身だったとはいえ、もはや餃子なんてイチおかずのレベルではない。野田の総本山にはライスすら置いていない。あれは主食だ。野田を中心とした千葉西部から埼玉・東東京に広がる郷土料理なのだ。

あの揚げた感触に近い、焼き上がった分厚い皮は、空気を含んで大きく膨れ上がりなんともいえない食べ応(ごた)えを生む。そして過肉汁がもてはやされる現代のトレンドを真っ向から否定するが如くあっさりと独特な餡は、ピロシキをも連想させる。餃子としては大ぶりのサイズは5個ほどが溶接されるのだが、あの一粒一粒のしっかりとした〝穀物感〟。そして、「焼き」「水」「蒸し」「鍋」と多岐にわたる汎用性は、リッツを失った沢口靖子が仲間と集まればパーティーをはじめる種にもってこいだ。

こんがりと焼き上がったパン生地のような強度のある皮は、野田の醤油と自家製ラー油によるタレの皿につぶしながら浸すと、これをよく吸っていい塩梅に仕上がる。見た目のボリュームの割に意外と食べられるのも特徴だ。皿の上に5個で一個小隊を編成する餃子は小ぶりのお稲荷か天空の城から放たれるロボット兵の繭(まゆ)が如し。それらを子供や老人、女性でも10個ぐらいぺろりと平らげる。1個あたり48円と大手チェーンに引けを取らない地元民価格も魅力だ。その一方、どの店も営業時間が短く、家の近所に技術連鎖店がある筆者も、ありつけそうでなかなかありつけない幻の店となってしまっている。さらに焼き上がりまでが15分〜20分かかるため待ちも長い。混雑状況によっては追加注文ができないこともある。

ならばと、みやげ用を買って家で焼こうとするのだが、これがまた難しい。油を〝もぐるくらいまで〟大量に投入する独特の焼き方ゆえ、やはりうまく焼き上がらない。それどころか、熱湯で焼いたところへ大量の油を入れるので、跳ねっ返りでキッチンは阿鼻叫喚。アツアツの餃子ができあがるころには、コンロの周りは油にまみれ夫婦仲は冷え冷え。野田の地では花嫁修業として「ホワイト餃子を完璧に焼く」ことが重要視されるなんて噂も、まんざら嘘に思えない。

餃子界において独自すぎる発展を遂げた、白い餃子のファンタジー。WHYと惟(おもいみ)ればば食すよりほかなし。

DATA

野田食品工業株式会社（千葉県野田市）。関東地方を中心に宮城県、石川県、岐阜県、滋賀県、広島県、佐賀県、鹿児島県に支店・技術連鎖店を含め全25店舗を展開。焼餃子（1人前8個）520円。ビール（大瓶）500円。

〈千葉県〉上総・下総・安房・ねずみの国からなる海産物と落花生の楽園。人口約626万人。日本三大漁港の銚子港と生産量日本一のネギやかぶなど農業も盛ん。[名物] 落花生、醤油、なめろう、さんが焼き、勝浦タンタンメン。[その他有名店] やまと（回転寿司）、赤門（焼肉）、としまや弁当・吟米亭浜屋（弁当）など。

18

日乃屋カレー

【東京都・神田】

神田カレーの伝道師

東京神田はカレーの町だ。毎年11月に行われる「神田カレーグランプリ」も新型コロナの影響でGP決定戦が一時中止となるも、２０２２年までに10回を開催。知名度もレベルも回を重ねるごとに上がり、会場となる小川広場には2日間でのべ4万人以上の人を集めるビッグイベントとなった感がある。

しかし、この神田カレーGP。いつの間にかカレー好きの常識として記憶に刷り込まれているが、どこで知ったのか記憶を辿れど何もない。なのに、何故こんなに権威あるイベントとして崇められているのだ。以前カレー好き編集のシマダさんが懸念していた通り、カレーの食べ過ぎで脳みそが焼き切れたのだろうか。

大丈夫。答えはきっと『日乃屋カレー』だ。第3回神田カレーGPの優勝店。おそらく国民の大半は日乃屋の名前と共に「神田カレーGP」に出合っていると推測される。その店に行ってごらんなさい。一番目立つ場所に「神田カレーグランプリ優勝店」「神田初の殿堂入り店」なんて看板が、のぼりが、ポスターが！「燦然たる実績！」「渾身の優勝」なんて煽り文句と共に聳え立つ。まるでノーベルカレー賞を獲ったか、お忍びでカレーの王子様が来店したかのような騒ぎである。

「え、だんなさん神田カレーGP知らないの？　あ。そうですか。へー、そうなんだ。カンダですよ。カレーですよ。正気ですか？」

余白にそう書いてあるのだ。確かに神田には有名店も多く、カレー屋が４００軒以上もあるという聖地。説得力はある。

「ああ……神田カレーGPの優勝店ね。聞いたことある。試してみるか」

カレー好きを自負する多くの日本人は、この文字を見るや目の前に蜘蛛の糸を垂らされたかのように「カンダだ」。「カンダだよな」と、知識と自尊心を満たすため店の敷居を跨いでいく。俺もそうだった。この時点で飲食店としては圧勝である。

そして、カレーを食べるのだ。そのカレーは当時の関東では少ない「はじまり甘く、後より辛い、余韻残りしカレールウ」である。この関西風ともいうべき特徴的なカレーは初対面でのインパクトはかなり大きく、ひとくち食べれば赤子の手をひねるかのようにグッと心を掴まれてしまう。さらに1000円でトッピングが3つ選べて、大盛り無料。付け合わせの天かすガーリックもいい（これらは店によって違うので注意）。すべてを味わってみて納得するのだ。「ああ、これは優勝するかも」「さすが神田カレーGP王者」と。

気がつけば、北は北海道、南は中洲、バンコク、サンフランシスコにまで、増えた店舗は直営・FC合わせて100以上。業界トップの「CoCo壱番屋」、2位の「ゴーゴーカレー」に続く3位まで駆け上がってきた。ちなみにバンコクのメニューを見ても「KANDA CURRY GRAND PRIX WINNER2013」の文字が確認できる。すごい。日乃屋のフラッグが翻った地は「神田カレーGP優勝」

の栄光が喧伝されている証である。

　そんな陰謀論をカレーＧＰのスタッフに耳打ちしてみると、こんな答えが返ってきた。

「まぁ、確かに。日乃屋さんは『え、そこまで推してくれるの？』ってこっちが驚くぐらい、宣伝してくれましたからね。ただ厳密にいえば〝殿堂入り〟はないんですが、でも、ＧＰの認知度が広まった一因は、日乃屋さんのお蔭もありますからね」

　カレーの世界は奥が深い。インドも神田も日乃屋も。そして、インドの奥にチベットがあるように、カレー鍋の底に深淵が広がるように、神田の隣には秋葉原がある。日乃屋秋葉原店。日本のカルチャーというカルチャーが集う文化の坩堝（るつぼ）トーキョー秋葉原において、街の特性をそのまま体現するような日乃屋の特殊店舗は、１００店舗以上ある日乃屋のなかでも、トップクラスの売上を誇る店舗であるという。

　フランチャイズでも比較的自由度が高いといわれている日乃屋にあっても、カレールーやらのベースは日乃屋である。「神田カレーＧＰ」の文言もあるにはある。だがそれ以外、ここの一切を日乃屋のスタンダードだと思ってはいけない。

　アニメソングのＢＧＭが流れる店内には、秋葉原店だけのオリジナルイメージキャラ「茜咲穂乃香（あかねざきほのか）」が存在感を示し、アニメやＶｔｕｂｅｒのポスターやサイン。そして何故か、かつて東京を本拠地としていた北海道日本ハムファイターズのユニフォームやグッズが混在する。「ななしいんく」因幡はねるのポスターの横に新庄剛志監督のユニフォームというカオスは、聖地の重複を具現化したこの店の氷山の一角。ついには、日乃屋カレー秋葉原店公認バーチャルアンバサダー「萌々咲ルッカ」が誕生し、Ｖｔｕｂｅｒオーディションが行われるなど、カレー屋の枠を超えた新時代のカレー&カルチャー発信基地となりつつある。

メニューを見れば、券売機いっぱいに詰め込まれたオリジナルが過ぎたメニュー。人気の「三ツ星ビーフカレー」。日本ハムのシャウエッセンを使った「最高かよ。カレー」などの限定メニューの数も凄まじい。ルー自体も秋葉原オリジナルを出しており、中田翔が巨人に移籍する前は「ダンチルー」（ダンチというのは中田翔がいう「段違い」の意）と銘打って、ビーフカレーのビーフを3割3分3厘増し（何故？）していたりもしたが、現在は秋葉原カスタムの「アキバスター・ルー」と銘打ち、元のルーにひと手間加えて、どうやら他店よりも肉の量を増やしているらしいという噂だ。

ほかにも岩下のピリ辛らっきょうが２００円で食べ放題だったり、ノーマルでライスが大盛1kgまで無料のうえに、気が向いたらカレーの食べ放題も実施したりと、際立ったサービスで今やアキバの観光名所になりつつある。ＦＣにこんな個性を認めてくれるのも、日乃屋が伸びている証。どこまでやるのか。そしてどこで怒られるのか、注目である。

DATA

有限会社ノアランド（東京都文京区）。東京を中心に全国で97店舗。バンコクやサンフランシスコにも出店している。日乃屋カレー650円、名物カツカレー770円。［秋葉原店］金のマッチョマンカレー1100円、賄の豚カレー1200円、最高かよ。カレー1050円。

〈東京都〉東京都市圏で全人口の約3割が集うという世界でも稀有な人と文化と食が集まる帝都トーキョー。それでいて交通網が発達し治安がよくて情に厚い。コロナ以降は深夜のネオンが寂しくなるもやはり全国進出後のチェーン店が本社を置きがち。

19

原宿のタピオカ屋

【東京都・原宿】

中年からのタピオカ

さぁ、タピオカだ。元号が令和となり、いよいよ理解の範疇を超えたブームがやってきた。

原宿や渋谷のタピオカ屋は連日どこも長蛇のタピオカ行列ができ、新元号の街頭調査予想でも「タピオカ」という名が挙がるぐらい、世間がタピオカブームになっていることはなんとなくは知っていた。

だが注意深く街を見渡せば、大塚・巣鴨・町屋・新小岩・上板橋・亀有・蒲田なんて俺たちの町にさえ、タピタピと奴らの影は忍び寄っている。地域だけではない。タリーズにエクセルシオールカフェ、ロッテリアやファーストキッチンにデニーズ、はま寿司、かっぱ寿司、牛角なんて飲食チェーンにも〝タピオカミルクティ〟がしれっと入っているし、最近では打ち合わせで訪れた会社の喫茶メニューにも、いきつけのラーメン屋すらタピオカミルクティに侵食されていた。

これはちょっとした恐怖である。町には雨後の筍のようにボコボコとタピオカ屋が出店し、もはやブームという一時的なものでは終わらせないという気魄に満ち満ちている。そんな空気に我々は「完全に時代に乗り遅れる恐怖」をモーレツに感じることとなる。

そんな中、とある週刊誌から「おじさんでも間に合うタピオカ」なる企画の依頼が来た。

きっかけは「近所にできたタピオカ屋さん、美味しいけど厨房におじさんがいて割と、嫌だった」という〝若い女性〟とされるSNSユーザーのつぶやきが〝おじさん差別〟と炎上騒ぎとなったことだ。勝手に燃えてくれと思いつつ、もはやブームから文化になりつつあるタピオカ屋とはどんなものなのか。有名店の行列に並んでみることにした。

結果、つらかった。わかりきったことだが、若い女子しかいない。男性の単独客どころかカップルすら少ない行列は、並んでいるだけで脱臼しそうになるほど肩身が狭い。女子高生に二度見され、そこかしこでキャハハという笑い声が起こるたび「ああ……俺のことだ」と死にたくなり、通じていない携帯に向かって「ナニ？　黒糖バニラタピオカ？　わかった」などと〝娘にお土産を頼まれた父親風〟の顔をする。

「おじさんがタピオカ屋にいてもいいし、食べてもいいんですよ。でも行列が長くなるのは単純にイヤ。このおじさん、本当にタピ好き？　とは正直思いますね」

知り合いの女子大生の言葉である。そんな彼女たちの本気の圧に触れるたび「そうです。わたすが……」と、自供してしまいそうになるが、このままでは日本のタピオカは未来永劫キャッサバ（原料の芋）嬢に独占されたまま。おじさんにタピオカの解放はなされない。

一体、いつからこんなことになってしまったのだろうか。歴史から振り返る。

このタピオカは第3次ブームだ。１９９２年の第1次ブームの時は中華屋のデザートでココナツミルクと一緒に出てた白い小さな粒で、あの頃はまだナタデココとかパンナコッタと同類の可愛げがあるものだった。例の黒いアレは２００３年日本発のタピオカ専門店「Ｐｅａｒｌ Ｌａｄｙ（パールレディ）」やら、２００８年に台湾の「Ｑｕｉｃｋｌｙ（クイックリー）」などが上陸してきた第2次ブームあたりからだが、その始祖を辿って行くと、台湾のお茶の専門店「春水堂（チュンスイタン）」に行き着く。ここのオーナーの劉漢介氏が１９８７年に中国茶をより現代風にと開発したのがタピオカミルクティのはじまりと言われており（諸説あり）、台湾で国民的なドリンクとなった後、２０１３年、代官山に日本初上陸。その辺りから本場・台湾から有名店が続々と日本に上陸し、インスタ映えとの相乗効果をもたらして今日の第3次ブームがはじまったと言われている。

春水堂のタピオカミルクティは、中国茶の専門店でお茶マイスターが厳選した茶葉から淹れているだけあって茶がべらぼうに美味い。主役のタピオカは小さめで独特の弾力があり、氷のしゃりしゃり感と相まって心地よい。そして台湾らしい落ち着いた佇まい。パステルカラーの中で数時間行列させられる地獄を思えば、おっさんタピリストには極楽だ。

春水堂が上陸後、世界展開を行う台湾の人気タピオカ店が続々とやってくるなか、実力、華ともに現ブームを引っ張るタピオカ界のエースが「Ｇｏｎｇ ｃｈａ（ゴンチャ）」だ。

女子で溢れる渋谷スペイン坂はおいどんにとっての田原坂かと見紛う難所だが、回転は意外にも早く20分ほどでレジへ到着。ベースの茶の種類、甘さ、氷の量にトッピングでタピオカを選べと言われると「自分はタピオカミルクティを」と高倉健並みに不器用になってしまうが、やはりエースというだけあって浮ついた感じがしないのが好感だ。

「The ALLEY」。神戸で1時間半、名古屋のオープン時には6時間を並ばせたという、最も行列のできるタピオカ屋のひとつ。鹿のイラストを前面に出したシックな店構えはジビエ好きのおじさんも親近感だが、9割8分が女性の長すぎる行列は次第に自意識の業火に焙られ精神的に辛くなってくる。看板の「ロイヤル№9ミルクティー」「黒糖タピオカラテ」あたりは流石に美味い。ココアチップとミントで土と樹を表現した「盆栽タピオカミルクティー」や氷が溶けて文字通りの世界を作る「オーロラ」なるドリンクなど、おじさんでもインスタ開設したくなる〝バエ〟は見事というしかない。

一方でおじさん的に最も厳しい店は、女学生向けなポップ&キュートな店だろう。センター街に行列を作る「CoCo都可」。カラータピオカやチョコタピで町屋すらもパステルカラーに染める「Pearl Lady」。あとは「Tapista」なんかも並べば常に二度見される幻影がまとわりつく。

人気店には行列の整理をするおじさん警備員がいるのだが、彼らと目が合うと必ず会釈された。なんなのだあれは。敵国で遭遇した捕虜同士じゃあるまいし。

ちなみにタピオカ先進国台湾の友人、雷さんに日本の現状を伝えると、こんなことを言われた。

「台湾ではおじさんだろうと若い女の子だろうと関係なくタピオカミルクティを飲むよ。『珍奶（タピオカ）和雞排（唐揚げ）準備好了（もう用意した！）』という流行語が生まれたぐらい、台湾ではタピオカと唐揚げを夜中に一緒に食べるのが人生の幸せとされた。若い女の子だけの食べ物にしていたらもったいないだーねー」

ちなみに雷さんのおすすめは台湾最大手のティースタンド「50嵐」。庶民的で気軽に買えるらしいのだが、日本では名前を「KOI Thé（コイティー）」にして上陸し、台湾とは別物とばかりにオシャレ転生したので雷さんも困惑しているのだとか。

こうして2週間ほど、おじさんでもいけるタピオカ屋を探していた筆者だったが、実はその後入院することになってしまった。血糖値がダダ上がったって？　違う。どうやら毎日女子高生の行列に並び続けた精神的なストレスが強すぎて免疫力が著しく低下したらしい。今は毎日点滴を受けながら、管の中をタピオカがゴロゴロと転がってくる悪夢に魘（うな）されている。ああどうしよう……〝タピ〟の字の中に〝死〟が見えてきてしまった。

＊　＊　＊

暑かったね、夏。そして、タピオカ。令和元年の夏、あれだけの猛威を振るったタピオカも、その後ビールに入り、ぜんざいになり、富士そばで丼になったりと、ウーパールーパーが唐揚げになるような、ブームの陰りを感じるようになった。

明暗はハッキリと分かれている。「Ｇｏｎｇ ｃｈａ」はタピオカに頼らない「お茶屋」として全盛期以上に店舗数を増やしているが、原宿・表参道で連日行列をつくったタピオカ店の８割以上が撤退。不評となったタピオカランドはコウメ太夫のツイッターで網走刑務所と間違えられ、裏町あたりじゃ「ムショで儲かると聞いた」とはじめたような怪しげなタピ屋も出てきては姿を消した、そんな夏の終わり。

そしてまた、「チーズティー」や「プリッチ」「バナナジュース」「レモネード」などのポストタピオカがその座を狙っていると聞く。

最後に「もう一度どこの何が飲みたいか？」と問われれば、筆者はやはりあの黒くて丸い必需品、「しじみ習慣」であるとお伝えして、この項を締め括りたい。

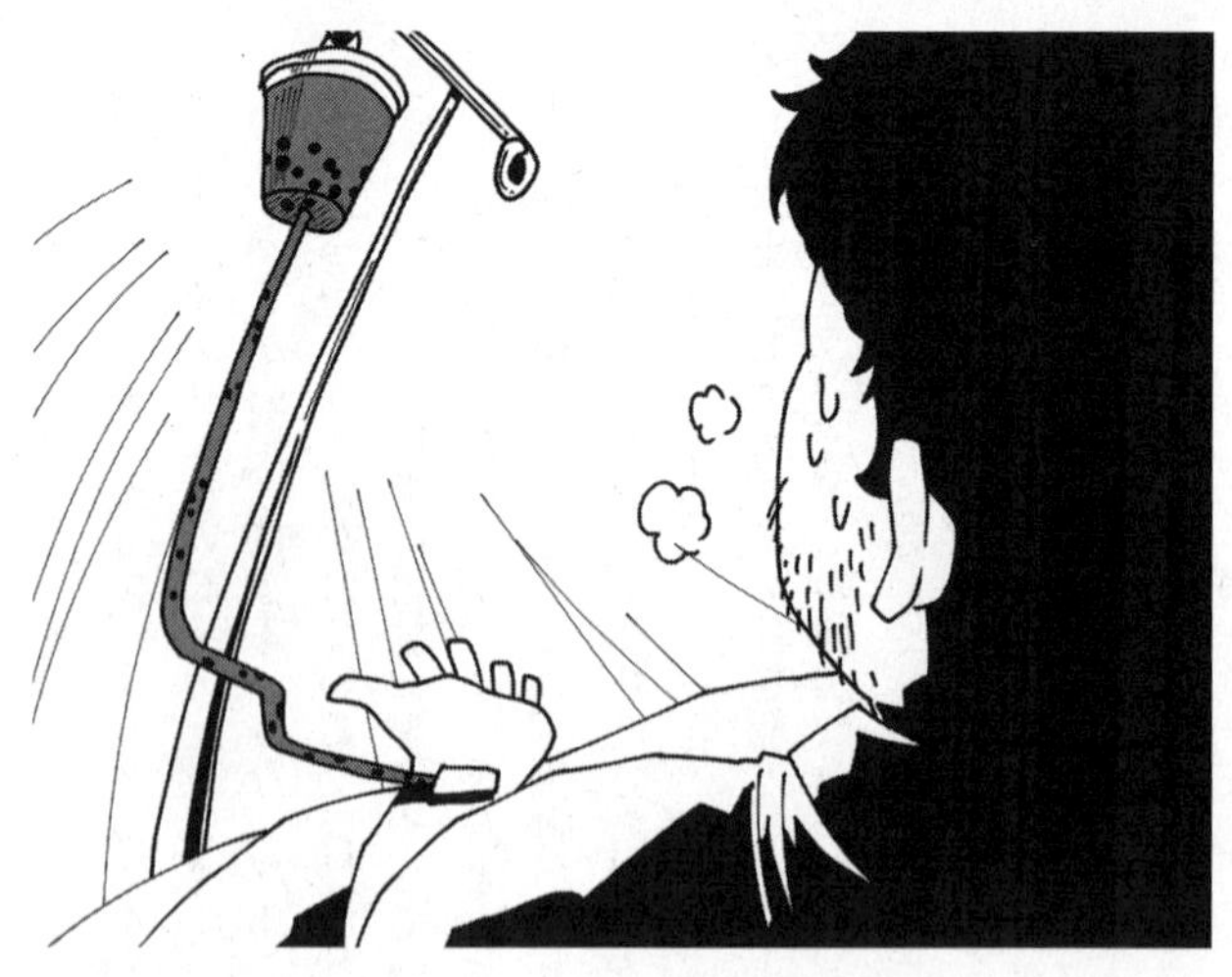

DATA

【春水堂】株式会社オアシスティーラウンジ（港区北青山）16店舗。
【Gong cha】株式会社ゴンチャ ジャパン（港区新橋）120店以上。
【The ALLEY】株式会社ポトマック（兵庫県神戸市）17店舗。
【CoCo都可】株式会社TasteaTrusteaJapan（兵庫県神戸市）6店。
【PearlLady】株式会社ネットタワー（板橋区板橋）24店舗。
【Tapista】株式会社TAPISTA　閉店。
【KOI Thé】株式会社KOI CAFE JAPAN（港区南青山）6店舗。
【ALFRED TEA ROOM】カフェ・カンパニー株式会社　閉店。

20

福しん

【東京都・西武線／東武線】

私鉄沿線ブルー中華

東京には南北を貫く2本の線がある。ひとつは和光市から池袋・新宿・渋谷を貫く副都心線。もうひとつは、池袋を起点に東武・西武へ伸びていく福しん線。そこは東京都北西部で独自に発展してきたソウル中華チェーン『福しん』のある地域。

所沢界隈がヤマディアン（山田うどん民）の居留地区として独自の麺文化と価値観が育まれたように、西武・東武の私鉄沿線地域の住民は、駅前中華の概念が〝福しんブルー〟に染まっていると聞いた。

1964年に西武池袋線東長崎駅前で創業して以来〝あなたの街の食卓〟として五十余年。地域住民の味として生活に密着してきた『福しん』が住民に与えた影響は計り知れない。店には子供も大人も老人もひとりの客が結構いて、パートのおばちゃんはさしずめ地域住民にとって第二の母か。

私鉄沿線の駅前に迷い込んできた旅人が、『日高屋』ぐらいの軽い気持ちで、ひょいと敷居を跨ぐ。手もみラーメン。肉チャーハン。定食も揃って普通においしい。餃子190円、おともラーメン100円。お得で安いね。味玉・もやし・冷奴・ザーサイら110円つまみにウンパイロウでチョイ飲みも最高。ありがとう。大多数の人はそれで満足して帰るのだ。

ただ、勘の鋭い人、チャンネルが合ってしまった人が稀にいる。どこかに違和感を感じる。あれ、何かしら。そこにも、ここにも、あそこにも。気になりだしたらこの店には「ナゼ」が溢れ返っている。あああ。そういや『福しん』ってナゼ「しん」だけ平仮名？　えええ。この看板、ブル中野が50㎏のダイエットを成功させた人間の食欲を減退させることでおなじみの青とか正気？　さらにマスコットのウィンキーちゃんもよく見れば『時計じかけのオレンジ』のアレックスぽくてこの上なく不穏だ。

そこは、チェーン中華の名を借りた異界への落し穴。越えてはならないフクシン・レッドライン。彼らは表層的に目立たない。ただ気を抜くと70代の婆さんが「餃子は1ヵ月500円のサブスクリプション商品よ」と宣い出すように『福しん』の基準を当たり前とする。

こんなことがあった。腹を空かせた中国人留学生が、ふらりと福しんに入る。オーダーはふるさとの味『麻婆豆腐』だ。ところがひと口食べるや否や「これは麻婆豆腐じゃない」とコカコーラをディスるＭＣハマーと化し「辛くない。山椒の味はどこだ」と訴える。そんな本場出身の彼に対し、周囲のお客さんは真顔で呟く。「麻婆豆腐が辛いわけがない。入っているのは山椒じゃなくて酢でしょ。大丈夫？」

中国人留学生はウィンキーのような顔色になったとか。

何故お酢だったのか。彼らが育んできた食文化の神秘性は、部外者がおいそれと踏み込めるものではなかった。

ところが世は空前の町中華ブーム。この流れに乗せられたのか、このコロナの大騒動に紛れて一冊の本が上梓されていた。

『「福しん」3つの謎』。福しん総務部の発行で、これまで東武東上線、西武池袋線沿線民以外、謎とされてきた『福しん』の生態に迫る歴史書は、チェーン中華の研究者が『福しんの謎を解き明かす上で最も重要な資料。死海文書以来の発見だ』と色めき立ったり立たなかったり。

レバニラのタレがなぜあんなに濃ゆいのか。胡麻だれの冷やし中華に何故クロレラを練り込んだ麺が合うのか。「ナゼ」が溢れ返った「福しんの謎」が3つばかりで終わるのかとドキドキしながらページを捲る。なるほど。概ね興味深い内容である。が、「青が好きというわけではなさそう」というぼんやり証言。ウィンキーちゃんは東長崎だからバイトにいた漫画家が描いた説等々、オーダーを聞きに来るおばちゃんの立ち話の如く、雲を摑むような難解な本だった。

故に愛しさは募る。福しんは町の食卓であり、珍奇なクセもいわば家庭のルール。日々そこにあって、偉そうに起源をたれるものでもないのだろう。先日、隣町にトキワ荘のミュージアムもオープンしたが、年代がちょっとずれてて乗りきれないのも実に福しんである。

DATA

株式会社福しん（東京都豊島区）。東武東上線、西武池袋線沿線を中心に30店舗。自動販売機14ヵ所。手もみラーメン420円、レバニラ炒め定食690円、餃子220円、おともラーメン120円、ウンパイロウ250円、生ビールセット550円。［東京名物］もんじゃ焼き、江戸前寿司、あんみつ、くさや、東京ばな奈。［その他有名店］叙々苑（焼肉）、人形町今半（牛鍋）、なだ万（懐石料理）、銀座ハゲ天（天ぷら）、まい泉（とんかつ）、すしざんまい（寿司）、キッチン南海（洋食）、ラーメン二郎（二郎）など。

21

元祖
ニュータンタンメン本舗

【神奈川県】

心を、燃やせ

ぼくたちはー燃え盛るー旅の途中で出ーあーいぃー♪　なんつって涙ながらに映画版『鬼滅の刃』を観ていたら、無性にニュータンタンメンが食べたくなった。

煉獄さんてニュータンタンメンと同じカラーリングだよな。そう思った瞬間、丼一面に広がった溶き卵の黄色に燃えるような一味の赤が脳内に広がり、食欲という名の焔（ほむら）が勢いよくそそり立つのを覚えた。

ニュータンタンメン。それは、神奈川県の、いや、この国の心臓部、京浜工業地帯にうまれ、伝承されてきた情熱とやさしさの一杯である。横浜市民にとって崎陽軒が海のダイヤであれば、川崎市民にとってニュータンタンメンは陸のガソリンか。

昭和39年。川崎は京町で発祥した「溶き卵系」と言われる独特なナリをしたタンタンメンは、県民でも〝知る人はすごい知ってる。知らない人はまったく知らない〟川崎・横浜のソウルフードとして地元の人たちに愛されていたが、よもやよもや。この頃になると、東京ほか千葉・埼玉・宮城・長野にも進出し、カップラーメンまで発売するなど、南武線を超えて世界へと飛び立ちつつある。

しかしなんだ。Tシャツやキーホルダーにもなっている店のエンブレムが日本航空に酷似しているが、店の人はまったく関係ないと否定する。羽田の周辺、大田区・川崎・横浜の港湾地区には、航空関係者が極秘でフライト後に食べにくる、冗談みたいなスゴイ名店が時にあるものだが、その関係スジを疑ってしまう。

神奈川県はいわずと知れたラーメン王国である。横浜のサンマーメンやら、吉村家を発祥とする家系に、ラーメンの鬼・佐野実の『支那そばや』。県西部、小田原系の『味の大西』に、最近だと湯河原の『飯田商店』とかね。まぁ、人気のラーメンは数あれど、このニュータンタンメンはそのどれにもあてはまらない。いや、もはやラーメンというジャンルでもないような気がしてくる郷土料理だ。

その実力は唯一無二。見た目のインパクトとはうらはらに、実にやさしい味である。豚ガラ塩味ベースのスープに、大量の溶き卵とひき肉、そしてニンニクをからませ、一味唐辛子でパンチを効かせる。この辛さがね、実に上品なのだ。5段階の最上位〝めちゃ辛〟でさえ、血の池のような見た目のイカツさとは別にそれほどまでには辛くない。なので辛さが苦手な人にもご厚意で「おまえも鬼辛（6段目）になれ」と誘わずにはいられない、ほどよくおいしい辛さ。

あとはトッピングでニンニクやひき肉、卵をダブルなど増量。バターにチャーシュー、わかめ、ザーサイ、ニラ、チーズなど（店によって多少違う）だいぶ幅があるので、だいたい地元の人らは「マイベストニュータンタン」を持っていると聞く。

よろこびは大量の溶き卵が絡んだひき肉&ニンニクとモチモチの麺。これをドでかいれんげですくってはすすり、すすっては飲み干す、口角全面で感じ取れる口当たりの良さだ。うまい！　うまい！　うまい！　なんてニュータンタンメンに全集中するもよし。麺が終わればライスをぶっこんでも、掛けてもよし。さらにね、この店にはいくつも型があるのだ。コッテコテのラーメンじゃないので、ギョーザやチャーハン、焼肉というパートナーがいるとまた違った顔を見せてくれる。だから、麺を入れずにニュータンタンのスープだけで、おかずと合わせるという楽しみ方もある。

これは町中華的な食堂として生まれた同店の最大の特徴でもあるのだが、ニュータンタンメンの各店はメニュー構成だけでなく、味にも基本のところ以外は、それぞれに結構な個性があるのが面白い。特にチャーハンのクオリティの高さは白眉である。このチャーハンの塩味とニュータンタンのバランスの妙。おかげで毎回毎回白ご飯をスープに入れるか、チャーハンを頼むかの決断で「俺はやるべきこと、果たすべきことをまっとうできたのだろうか」と頭を抱えてしまうのである。

店舗で分かりやすいのは焼肉ロースターがある店だ。川崎はやっぱり本場だものね。安くて美味いだけでなく、ニュータンタンメンで〆られるのは、焼肉店舗の最大のよろこび。ほかにも、肉野菜炒めやホイコーロー、アジフライにカレーライス。ラーメンやサンマーメンを出している店もあるので、ニュータンタンとの組み合わせは無限大。月に1回来るぐらいの筆者ではこの深淵は測れやしない。

独特な世界観を持つ京浜工業地帯で庶民に愛されてきた店には、正義の味方のような高潔さがある。我々も全うしたいよね。心を燃やすのだ。ニンニクと唐辛子で。

DATA

株式会社みなもと（神奈川県横浜市）。神奈川、東京を中心に42店舗。タンタンメン860円、ジャンボタンタンメン1300円、タンタン飯760円、タンタンメン焼き餃子セット1100円、チャーハン750円。

〈神奈川県〉好きな言葉は「神奈川を制するものは全国を制す」。人口約922万人の約6割が横浜と川崎。［名物］崎陽軒のシウマイ、鈴廣かまぼこ、サンマーメン、三崎のマグロ。［その他有名店］ハングリータイガー（ステーキ）、味奈登庵（そば）、バーグ（スタミナカレー）、茅ヶ崎海ぶね（和食）など。

22

桔梗屋

【山梨県】

キナコの王国

黄砂に吹かれて聞こえる歌は〜

なんて甲府盆地へひとり旅。黄昏ゆく笛吹川に佇んでいたら、黄砂だと思っていたものがキナ粉だったときの衝撃たるや。

隣のベンチにいたお子様が飛ばすわ飛ばすわ、信玄餅のキナ粉。あのキナ粉。最近ではご丁寧にネット動画で食べ方講座もあるらしく、キナ粉をこぼさずに食べるには風呂敷に全部ぶちまけて手で揉んで食べる裏技なんかもあるそうだが、まともに向きあおうものなら、たいした大人がどんなに頑張ってもキレイに食べられたためしがない。そんなシロモノを幼い子供に野外で食べさせるなぞ、風上に花粉症の花咲じじいを放置するようなテロ行為ではないだろうか。

おそるべし信玄餅。山梨に来たら食べたくなくても気がつくと食べている二大名物、ほうとう&信玄餅。主要駅やSAなど、県内の要所に必ず置いてあるから結局お土産に買ってしまう魔力で一日10万個以上を売り上げる。やはり信玄公の名は偉大だ。我ら凡人は毎回毎回信玄餅を土産に買い、隠し湯に胸をトキめかす。

この餅の起源に『武田信玄が出陣の際に砂糖入りの餅を持って行った』なんて眉唾な噂もあるが、実際は明治22年創業の和菓子屋・桔梗屋が昭和43年に名物を作ろうと信玄の名を拝借して売り出したと言われている。まぁ、信玄が由来だったら、上杉謙信が甲斐に塩を送ってきた時、「敵にキナ粉を倍返しする」という格言が生まれていただろう。

　そもそも山梨にはお盆になると安倍川餅を仏前に備える風習があったらしい。安倍川餅といえばお隣り静岡の名物。徳川家康が立ち寄った茶店がキナ粉を安倍川の砂金に見立てて献上した餅に大喜びして「安倍川餅」と名付けたといわれている。餅の形や黒蜜ではなく白砂糖という違いはあれど、信玄vs.家康。ライバル関係は今も餅の世界で続き、山梨・静岡の国境付近にある土産物屋では小競り合いが続いているとか。ちなみに「信玄餅」は金精軒が登録商標を取っているので、桔梗屋の方は「桔梗信玄餅」が正式名称。安倍川も信玄も桔梗信玄も、キナ粉が爆散されるのは同じ。美味しいんだけど、馴染まないのはどうにかならないのか。

　そんなことを考えながら、私はとあるアミューズメントスポットへと足を運ぶ。信玄餅をマンネリと感じたあなたにこそ行ってほしい笛吹市の「桔梗信玄餅工場テーマパーク」。

　ここは桔梗信玄餅が生まれる里にしてその多様性が認められた自由の国。本社工場で一日12万個製造されるという桔梗信玄餅の製造工程を見学したり、アウトレットで激安の桔梗屋商品を買ってみたり。いまや一部では信玄餅より人気が高い桔梗信玄餅アイスや桔梗信玄プリン。桔梗信玄餅ロールにどら焼き・キャラメル・最中・カントリーマアム！

ウムム。これぞ信玄餅二十四将ともいうべきラインナップではないか。桔梗屋＝信玄餅としか考えていなかった人はそれだけでも驚くのだが、さらにパーク内にある施設は県内各所にある土産物販売の「桔梗屋東治郎」や食事処「長寿村権六」。甘味処やイタリアンレストランに手作りアイス工房。ああ。あっちにはコンビニ桔梗屋なんてものまである。こっちには「餅もちの社」という神社が。ガチャガチャで桔梗屋商品のピンバッジをゲットし、桔梗信玄ソフトの顔出し看板でダブルピースかましていたら、彼方に「本日の詰め放題の整理券配布は終了しました」という文字が見える。桔梗屋の深淵はその先だった。

翌朝。桔梗信玄餅の詰め放題を目当てに朝8時にやってきた。平日だというのに100人近い行列にビビる。なんなのだこれは。220円でスーパーの小袋ほどのビニールに頑張れば20個ほど詰められるとはいえ、こんなに早朝から行列ができるほど信玄餅食べたいか？　しかも消費期限は疾きこと風の如き当日。食えんのか？　そんな疑念に駆られながら入場すると、ルールを説明される。以前はトレイに並んだ信玄餅をひたすら詰め込んでいたが、コロナになってからは詰める数を予想して、入らなければ1個100円で買い取るという新ルールになったとか。ちなみに15個ぐらいで普通。ポイントはいかに袋を破らずに伸ばせるか。18個からが難関となり最高では30個入れたなんて都市伝説的な噂もある。

そして、実際にこれをやってみてわかった。これは、山梨のローカルな遊びなのだ。袋に必死に詰め込んでいる時。桔梗信玄餅を食べたいという欲は一切働いていない。袋が破けない林の如き状態で20個を丁寧に詰め込み、最後一本むすびで閉めて、店員さんにチェックしてもらう時のドキドキ。祇園とかでこういう遊びあるんじゃないかと、京都に憧れすぎた信玄公が妄想して作った「餅詰め」でございます……なんて言われても納得してしまいそうだ。

そして20個を袋詰めできた時の達成感！　高揚すること火の如し。ああ、信玄餅って最高だな。と、思ったのも一瞬。家に帰ったらなぜだろう。ひとつ食べれば、食指が動かざること山の如し。

消費期限は当日だ。20個食べなければならない。ああそうか。あの川の畔にいた子供たちも、よもやこういう事情で食べていたのかと思いやる。今日も甲府盆地にキナ粉がふぶく。今宵はここまでにいたしとうございまする。

DATA

株式会社桔梗屋（山梨県笛吹市）。直営店は山梨県を中心に12店舗。桔梗信玄餅（2個）363円、信玄軍配（5個）756円、桔梗信玄餅アイス324円、キットカット桔梗信玄餅味（ミニ9枚入り）842円。

〈山梨県〉「人は石垣人は城」で人口約80万人。富士山や八ヶ岳、南アルプスなど四方を囲まれた山の国には信玄の隠し湯やブドウ畑もたくさん。近年は都会からの移住希望者が増加しているとか。［名物］ほうとう、吉田のうどん、鳥もつ煮、ワイン、桃。［その他有名店］小作（ほうとう）、奥藤本店（そば）など。

23

炭焼きレストラン さわやか

【静岡県】

ハンバーグ・ノーサイド

父方のじいさんが横浜に出て来るまでうちの先祖は代々静岡の山奥に住んでいた。以来、静岡とはなんだかんだと縁があり、出身の友人も多い。一説によれば静岡県は日本で最も平均的な感覚の持ち主で、企業が新商品を出す際にはこの地でデータを取ると聞く。温暖な気候から人柄も温かくほんわかした人が多いが、そんな場所でも、日本で静岡人だけが顔色を変えるワードがある。

さわやか。静岡人なら知らぬ者はない県民的ソウルフード「炭焼きレストランさわやか」のことだ。炭火で焼くハンバーグは、表面が甘くこんがり。中は肉汁たっぷりの赤みが残る極上の逸品。静岡県人が「さわやかな朝」と聞けば「ライスとスープがついて1166円か」となり、田中星児が朗らかに『ビューティフル・サンデー』を歌っても「日曜なんて何時間行列するんだ」と顔を曇らせる。静岡出身の友人田中氏が先日家族でさわやかに寄った後に入院中の父上を見舞ったところ、第一声で「ふざけるな、さわやか行ったろ」とブチ切れられたそうだ。おそらく静岡県人しか発達しないさわやか嗅覚があるのだろう。

さわやかが静岡にしか存在しないのは名物のハンバーグの特性故。鮮度を保つために県外には出さないそうなのだ。その衛生管理も徹底しており、袋井にある自社工場は〝手術室レベルの清潔さ〟を謳っている。肉を切り刻むということでは同じか。

昭和52年、菊川市にコーヒーショップとして開店以来四十余年。静岡の秘宝としてドメスティックに愛し育まれてきた。それがこのところ店の評判が県を飛び越え、異常なほど全国へと響き渡っている。そのきっかけは2007年に天下の長澤まさみ（磐田市出身）が全国放送でその名を口にしたことなどと言われているが、以降の盛り上がりは一過性のブームでは済まされない様相を見せている。そして、ハングリータイガーの神奈川県民、フライングガーデンの北関東民たちからの「さわやかなんかよりウチのがうまい」のシュプレヒコールに乗せて、〝大・地ハンバーグ時代〟の到来すら予感させている。

その勢いに乗ってなのか。富士山より東に店舗はなかったさわやかが、2015年に御殿場市、2016年には長泉町と、東の国境付近しかも高速のインター近くに立て続けに出店したことで神奈川・東京からの遠征者も激増している。

ただでさえ行列がえげつなかった店である。それが他県からの越境者まで来たら、一体どうなってしまうのか……。

あれは夏の日、ブレイク以来、はじめてのさわやかだった。伊豆半島の入口である長泉店。安全策として平日の開店時間に行ってみると、いきなり「50分待ち」と言われてひっくり返った。これが2時間3時間待ちは当たり前のさわやかな通過儀礼。ちっともさわやかじゃない。人生の半分は寝る時間なんて喩えられるが、静岡県民は一体人生の何割をさわやかの待ち時間に費やすのだろうか。

だが、待つ甲斐はあるのだ。さわやかのハンバーグはそれだけの価値がある。定番である「げんこつハンバーグにソースはオニオン」。それがこの店の最初の一歩でありすべてだと県民は口を揃える。周囲の客を見ても約7割がそれ。４人掛け席で４人全員が「げんこつオニオン」という席も珍しくない。

間違いなく美味いのだ。炭火で焼かれたげんこつ大のハンバーグを店員さんが半分に割り、そこへオニオンのソースを掛ける。赤身のやわらかな本体は肉粒を感じるほど肉々しく、肉汁の甘みとオニオンソースの酸味が三位一体の旨味となって脳髄に響く。猛烈に人にすすめたくなるのもよくわかる。ただ、その反動も大きい。以前「さわやかでデミグラスを食べた」と静岡人に伝えると、まるで寿司にマヨネーズを掛ける外国人観光客を諭すように「いいかい。さわやかってのはね……」と説かれ、いたたまれない気持ちになった。

デミグラスだって十分に美味しい。いや、それだけじゃない。ハンバーグ以外のメニューだって美味いのだ。炭火焼きの「さわやかステーキ」に「エビフライ」。「焼き野菜カレー」そして何故か昔からある「梅しらす雑炊」の浜松商のような古豪感。「鉄鍋ビビンバ」なんて長泉の店長さんが「これを食べてから焼肉屋で食べられなくなった」と嘆くほどの逸品である。

だが、しかし。圧倒的な待ち時間を過ごしてなお、ほかに何の選択肢があるというのか。我々は待っている間中、待機スペースから見えるオープンキッチンでジュージューと焼かれていくハンバーグの群れを散々見せつけられているのだ。その後「じゃあ梅しらす雑炊で」と言える人は家康並の我慢強さを持った天下人になれる。

欲張ってエビフライやビーフシチューとのセットにしてしまうと、ハンバーグは125gしかない。200gの「おにぎりハンバーグ」だってもったいない。「げんこつハンバーグ」250g。たった50gと侮るな。この50gの差に「俺はやるべきことをやったのだ」と、納得し店を後にすることができるのである。

そして、しばらくして思い出すのだ。「さわやかに行きたい」。昨日はデミグラスとのダブルソースにしたおかげで「オニオン半分でよかったのか？」という後悔がすごい。そしてまた、人はあの行列へと帰っていく。

さわやか。この待ち時間は、人を哲学者にさせるのである。

燃えたね。真っ白に燃えた。ラグビーワールドカップ2019。日本代表史上初のベスト8進出である。「4年に一度じゃない。一生に一度だ」なんて煽られたら、親の務めとして、子供に将来出不精を咎められないためにも行かねばなるまい。と、唯一買えたチケットが10月11日。オーストラリアvs.ジョージアin静岡エコパスタジアム。謎の新鋭シュクメルリ王国ジョージアに世界の強豪、オージービーフを擁するオーストラリアのワラビーズ。それがさわやか袋井工場から車で15分のエコパスタジアムで激突という名勝負！

家族3人、車に乗って袋井へ。しかしこの時。後に日本列島へ甚大な被害をもたらすあの超大型台風19号が東海・関東地方へとにじり寄って来ていたのだ。

でも大丈夫。上陸は翌日だ……ったはずが、まだ遠方にいるはずの台風が激烈すぎて海沿いの東名高速は静岡に入った途端に通行止め。大渋滞の一般道に放り出されて数時間をロスしてしまうと、スタジアムの隣駅である掛川の駅前駐車場についた時には試合は前半30分すぎ。

絶望で目の前が真っ暗になった時、視界にひと筋の光が差し込んできた。ああ、あれは静岡県民心の県庁所在地「さわやか」。ワラビーズは不完全燃焼でも、もうひとつのオーストラリア代表、オージービーフに出会えれば、能面のような妻の顔も、駄々こねすぎてグシャグシャに潰れている息子も、多少は笑顔を取り戻して帰ることができるだろう。せめて。せめて。試合後にげんこつ&オニオンを食べて帰ろう。

後半開始直後に間に合った試合は、なんとか試合終了まで観戦できた。その後の強雨と風が強まるなかでも、全員着席の大型観光バスで掛川駅まで優雅に輸送してくれたおもてなしにも感激した。

問題はそこからだ。市内は大渋滞。昼から何も食べていない空腹を抱えつつ、さわやかのラストオーダーまで残り30分、距離約1キロ。大丈夫まだ慌てる時間じゃないと、時計を見れば2分オーバー。ちくしょう。ラストプレーだ。

「すみません。もうおわりです」

必死にゴールエリアへ飛び込むも、店員さんは無情の試合終了を告げる。この時間でも待合室にずらりと並んだ20人の好奇の目が一斉に向く。「あーあ」「いまさらおせーんだよ」。そんな声がモールとなって押し寄せて来る。寂しそうな息子の笑顔。

「お父さん。待ち時間に花という字を100個書いたら、そこは花園ですね」

ちがう。そうじゃない。思わず店員さんに食い下がってしまう。

「なんとかならないですか。東京から来たんです」

ああ、一番言っちゃいけない言葉だよ。ノットリリースザさわやか。待合客のイライラ空気が明らかに悪意を孕んでいる。「なんてことを言ってしまったんだ」と後悔先に立たず、待合室からの「出ていけ」の念によって店の外へと押し出された。

さっきより雨と風が強くなっていた。SNS上では〝地球史上最強の台風〟という噂まで飛んでいる。諦めるか。いやダメだ。オージービーフを食べなければ俺たちのRWCは終わらない。妻が4キロ先にステーキガストがあるのを見つけた。フェーズ2だ。

「すみません。台風が強くなる前に料理長を帰してしまいました。今はサラダバーしか用意できないんですよ」

店長が何もそこまでというぐらい深々と頭を下げられた。気になさらずに。台風の夜に来るこっちが悪いのです。店長の姿勢に逆に申し訳ない気持ちになりつつも、つくづくオージーと縁がない夜を嘆く。

時刻は夜23時。もはやこれまでか。この際、コンビニのコアラのマーチでオージーの代用を済ますかと考えた矢先。４００ｍほど先にオージーな灯りが見えた。

ビッグボーイ。我が家の最も近所にあるハンバーグ屋。地理的なありがたみゼロ。でも、ＲＷＣだろうと、地球史上最強台風の最中だろうと普段と同じように営業してしまう当たりの強さ。さすがは全戦全勝のゼンショーイズムである。

店内には客は二組だけ。やや疲れたパートらしき女性が微笑むか微笑まないか程度の上品な笑顔で迎えてくれる。

「静岡では、まともに勝負したらさわやかさんには敵いませんからね。私らはこういう時でもやりますよ」

ああ。強豪の相手を讃えつつ、自分もベストを尽くす。美味しいハンバーグを食べたいお客に店の国境はない。ノーサイド。ハンバーグノーサイドだ。

よく見れば、俵ハンバーグはラグビーボールにも似ていた。さわやかの御膝元で生き残ってきた強い店だ。いい店に決まっている。君のおかげでやっとオーストラリアに会えたよ。ビッグボーイ、ありがとう。ラグビー最高。ハンバーグ最高！

試合後、暴風雨の中を無事に帰れたことも、ハンバーグのおかげだ。やがて、深夜すぎに自宅に到着すると、とんかつ博士のかつとんたろうから、同じ試合に来ていたというメッセージが届いていた。

「おつかれさまでした。僕は前泊して、サウナの名門しきじでひと汗かいてから、さわやかをいただいてRWCを堪能しましたけどね。静岡は最高ですね」

とんかつのくせに！

DATA

さわやか株式会社（静岡県袋井市）。静岡県内に34店舗。げんこつハンバーグ1265円、手づくりハンバーグ880円、さわやかステーキ2090円、炭焼きバーガー902円、農園サラダ605円、オニオングラタンスープ440円。

〈静岡県〉日本一の富士山を戴き、温暖な気候に恵まれた県民は最も平均的日本人ということから新商品のテストがよく行われる。人口約357万人。[名物] 静岡茶、みかん、浜松餃子、うなぎ、桜海老、富士宮やきそば。[その他有名店] 五味八珍（中華）、スマル亭（そば・うどん）、どんどん（お弁当）など。

24

小木曽製粉所

【長野県】

そばの国の秘蔵っ子

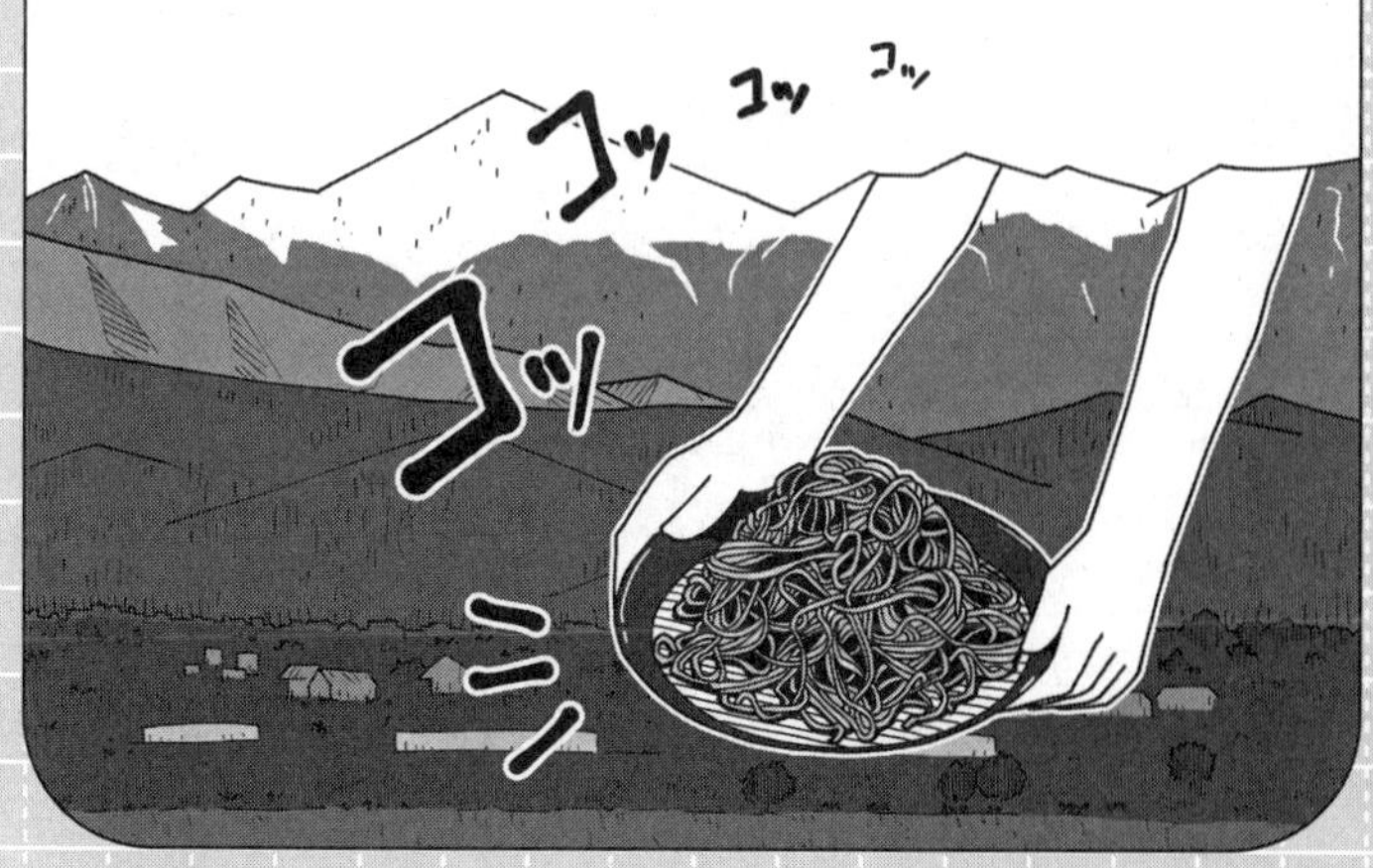

日本シリーズが終わると、新そばの季節だ……なんてことを急に言い出したのも理由がある。どうも、そばに目覚めてしまったようなのだ。夏前だったか。お土産に頂戴したとある地方の田舎そば。強烈なコシと風味を持つアレを食べてから、急にそばへの感度が増してしまったようで、何かしらのチャクラが開いたかのように、鼻腔が香りを捕らえ、ノドがそばの肌触りにうっとりとしはじめたのだ。

以前、自分で会社を興してバリバリ働いていた知り合いの社長さんが、ある日急にそば屋へ転身した時に「おっさんが一定の年を重ねると作務衣に手ぬぐいを巻き出したくなる」と独白していたことがある。なるほどこれか。そばだ。とんこつラーメンやうどんより美味いそばが食べたい。これまではそばなんてどれも同じ味で、シリーズ前作でもエラそうにそばのうんちく垂れる知識人を〝ソバ用人〟とクサしたこともありました。今はなんて無知無味無教養だったのかと過去の己を湯がいております。

食い改めるようにこの半年の間は、神田浅草深大寺の老舗名店を巡り、ニューウェーブな話題店にも登りつつ、全国有名処のそばを取り寄せては、近所の立ち食いそばを巡り直していたのです。そして気がつくと、そばきりの発祥の地とも言われ、我が国最大のソバの国、信州は長野県へと飛んでおりました。

小木曽製粉所。この頃、頭角を現してきた安曇野発のそばチェーン店である。製麺所じゃなく製粉だ。コナからである。元々は松本市で寿司屋などをやっていた王滝というグループで「海なし県に鮮度を」という泣ける合言葉で人気を得てきた寿司同様、鮮度にこだわった新形態の信州そば店として2014年に誕生した。自社製粉した出来たてのそば粉で、打ちたて茹でたてのそばの質がチェーンのそれではないのに安いと評判に。ここ数年でFC展開もはじめ、エライ勢いで各地のフードコートなどに進出している。

季節は11月だ。これから約1ヵ月の間はすべてのそばが新そばになるらしいので、どうせなら本場信州の路面店でソーバーバーイーツしたいと、辿り着いたはアルプスの城下町・松本。こちらには虎ノ門ヒルズにもある同じ王滝系列の本格派そば店「そばきりみよ田」があったので「とうじ（投汁）そば」なる、そばのしゃぶしゃぶみたいなご当地そばをおいしくいただく。なるほどうまい。なんて舌鼓を打ったあと、このみよ田を大衆化させたであろう小木曽製粉所の噂を確かめるべく、国道19号線を南へ進み、村井店へ。

だだっぴろい駐車場のある大型路面店。広い敷地の店は「小木曽製粉製麺工場」の看板が示すように、製麺工場が併設されていて、ガラス張りの向こうには石臼らの姿と共にパートさんらしき人がせっせとそばを作っている。

そこから出てくる打ちたての信州そばは、ざるそば、並・中・大すべてが590円の同値段。つけ麺屋とかでは聞いたことあるがそば屋では珍しい。開店当時の500

円均一からは値上げしているとはいえ、まだまだリーズナブルの域といえよう。

特徴的なのは食券ではなく、ずらりと並べられたメニュー札を取っていく方式だ。千と千尋に出てきた薬湯札みたいで悪くない。

主役のそばは〝看板商品〟を謳う、もりそばのほかに、かけそば、きつねそば、山芋ぶっかけそば、季節のきのこそばなど。サイドメニューには松本名物・山賊焼き。駒ヶ根の名物「ソースカツ丼」に「信州山形村産とろろ」や「山菜」なんて小鉢までもが長野名産欲を絶妙にくすぐってくる。

札を取ったら、今度は天ぷらや山賊焼き、コロッケなどが並ぶホットコーナーを経由し、セルフ方式でレジへ行ってお会計。目の前で茹でて、きっちり水で〆（しめ）てくれる。信州まで来た甲斐のある「そば」的ロケーションが非常にエモーショナルだ。

で、やっぱりそばは信州だね。つやつやのもりそばは、のどごし抜群、新そばらしく香り強めでずるずると永遠にやっていられる。袋わさびも地元の安曇野本わさび。山形村のとろろに山菜。松本名物の山賊焼きも合わさって最高。ここまで来てよかった。そばの中心で、心のサマランチ会長が「ナガーノ」と叫ぶ。こういう店に毎日通いたい。だけどあなたは信州のそば。ソバにいるのに毎日会えないオギソとジュリエット。丸亀製麺級の大ブレイクをしそうなポテンシャルを感じさせつつも、どっこいそばの命、鮮度と水の問題をどう乗り越えてくるのか。楽しみに待っております。

DATA

株式会社王滝（長野県松本市）。長野県内を中心に全国で32店舗。愛知、京都、兵庫など、県外にも展開している。並ざる590円、肉つけそば並770円、山賊丼と並そばのセット990円、ソースかつ丼と並そばのセット990円。

〈長野県〉日本の中央、山と大自然に囲まれたしあわせ信州。人口約201万人。標高と教育レベルが高く寒暖の差が激しい。脱サラそば屋が夢。［名物］野沢菜、おやき、馬肉、駒ヶ根ソースかつ丼。［その他有名店］あっぷるぐりむ（ハンバーグ）、テンホウ、ハルピンラーメン（ともにラーメン）など。

25

岐阜タンメン

【岐阜県】

タンメン天下布武

ギフテッド【gifted】。①「顕著に高い知性や倫理観。能力などを生まれつき有する人のこと」である。織田信長とか、Mr.マリックとか、野口五郎のことであろうか。この単語にはもう一つ辞書にも載らない別の意味があることはあまり知られていない。②岐阜がすべてを与えてくれた人／物。ああ。さっきの3人はこっちであった。岐阜のために、岐阜を愛し、岐阜に感謝し、岐阜を名乗る、岐阜テッドな店「岐阜タンメン」が、地方発のチェーン店としては近年でも目を見張る成長を遂げている。

岐阜タンメンだ。「岐阜といえば…岐阜タンメン」と看板にデカデカと謳う県の名前を背負ったタンメン専門店。なんだこの「…」の物憂げな間は。だが、ちょっと待て。タンメンといえば関東地方が主力のはず。岐阜の名物がタンメンなんて聞いたことはないが、そのタンメンが〝岐阜〟でなければならない深い理由があるという。

出身は尾張国である。2004年に愛知県は一宮市に誕生した博多ラーメンの「ばりばり軒」でまかないに出していたタンメン。これが評判となり、'09年、稲沢市に「タンメン専門店 板谷」という屋台の店が誕生した。ところがその地は、きしめん・スガキヤ・あんかけスパゲティに台湾・ベトコンラーメンが幅を利かせる大ナゴヤ帝国。地元に馴染みのない〝タンメン〟を出す屋台なぞ、うつけ者の扱いで歯牙にもかけられず店は連日鳴かせてみせよう閑古鳥状態。いよいよ滅亡寸前で敦盛でも舞おうかという2010年2月。美濃国は岐阜市に居城となる空き店舗を見つけると店名を

「元祖タンメン屋」にして入城。するとこれが大ウケにウケた。さすがは「舶来品でもいいものはいい」の価値観を生んだ楽市楽座のお膝元。このタンメンが爆発的に受け入れられると、いつしか行列ができるまでの店になった。

その後、窮地を脱した元祖タンメン屋は、お家存亡の危機から救ってくれた岐阜の人たちに感謝を込めて、すべての店名を「岐阜タンメン」に改める。その意は「岐阜の方々に感謝タンメン」の略だというからなんとも義理堅い。稲葉山城が岐阜城に名前を変えて、天下統一の拠点となったようにも映るではないか。

そして、おそらくこの「岐阜タンメン」は天下を獲るだろう。ただの派手好き、傾(かぶ)奇(き)タンメンではないことは、ひと口食べて確信する。このパンチ力。はじめて一蘭や中本を食べた時のような天下のニオイがする。

豚肉、白菜、キャベツから旨みを抽出した塩だしのスープに、力強いにんにくと辛味あんという安土&桃山が折り重なった味の饗宴。ここに野菜増量、肉増量、味玉、ほうれん草、魚粉、青汁、バター、コーンなど全14種類のトッピングでカスタマイズってのもスゴイが、それ以上に感動したのが辛さの選択だ。０辛〜５辛までの６段階。さらに１５０円で「デス辛」なんてのも頼めると店内に掲げられた「辛さ表」に書いてある。「４辛〝内臓ドキドキ！口から火がでそう〟」「５辛〝足ガクガク！明日まで覚悟！〟」ときた。ああ……この懐かしい響きは往年のココイチに採用されていた伝説の「とび辛表」のオマージュではないか。「激辛タンメン３５００g20分完食でタダ」も含めて、同じ愛知一宮発で世界を制した先人へのリスペクトだろうか。俺は今、東海地方に来ていると猛烈に実感する。

それでいて麵・にんにく・辛さという柴田勝家ばりに権六チックな男ばかりが集まりそうな雰囲気を漂わせつつ、実際は家族連れを含む女性がかなり多い。それもノーマルの岐阜タンメンの実力と、好みをカスタマイズできる幅の広さ故。テーブル備え付けの〝酢もやし〟なんてタンメンの相棒として実に優秀で本当によく考えられていると感心する。

がっつりもあっさりも気分によって変幻自在。50円でこんにゃく麵に変更ができて、野菜いっぱいという糖質制限黄金コンビも、ここではトッピングでホエイプロテインを入れてしまうまさかのアスリート麵。さらに揚げタンメンを出す「〝特別〟岐阜タンメン」。〝食べるサウナ〟と称されるカプサイメンに、愛知の名門スガキヤとタイアップしてカップ／即席タンメンを発売するなど、ギフ軍団も増やしながら、２０２３年現在で岐阜8軒、愛知13軒まで勢力を拡大してきた。

そして２０２１年には、ついに信濃国・松本に出店。おお、天下取りの一歩は信玄、否、信州そばの本拠地であり、先述した小木曽製粉所をはじめ、古豪「みんなのテンホウ」「ハルピンラーメン」などのライバルひしめく土地である。さらには北陸富山、三重、浜松と順調に勢力を伸ばしつつある「ギフ軍団」。一方領内では、名前からして野心にギラついてそうな「桶狭間タンメン」も台頭してきたり東では「小田原タンメン」「高尾タンメン」なども旗上げしたり、まさにこの戦国麺世。すべては大恩ある岐阜のために。日の本に〝岐阜タンメン〟の旗印を打ち立てていく。

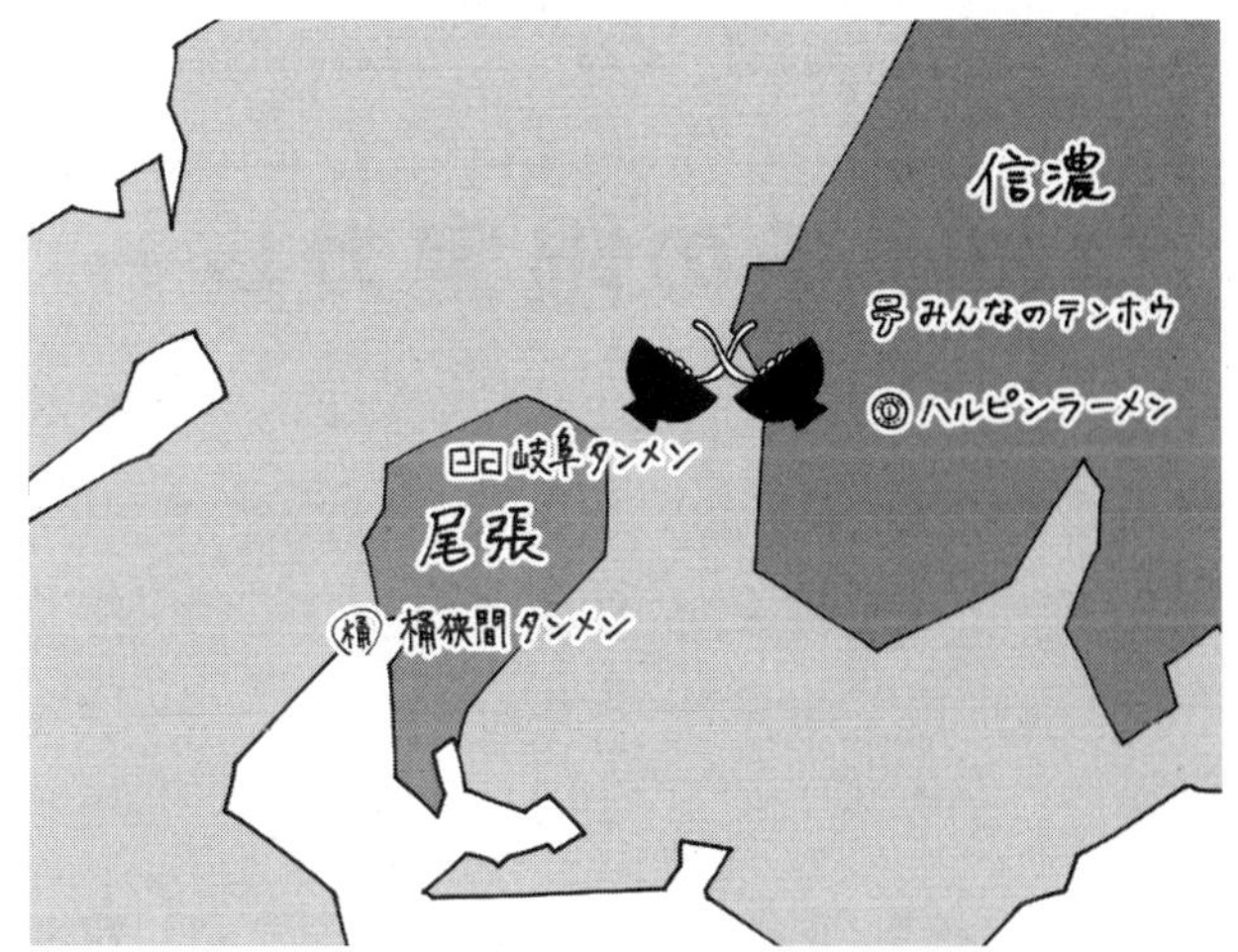

DATA

株式会社 岐阜タンメンBBC（愛知県一宮市）。岐阜・愛知県を中心に24店舗。岐阜タンメン820円、替玉150円、替辛（大）100円、半チャンセット+250円、にんにく60円、バター110円、野菜増量130円、プロテイン210円。
〈岐阜県〉日本の中心、天下分け目の関ケ原な岐阜。長良川の鵜飼や輪中、白川郷の合掌造りに下呂温泉。北部は豪雪地帯。人口約193万人。［名物］鮎、五平餅、鶏ちゃん、からし豆腐。［その他有名店］ぎふ初寿司（寿司）、馬喰一代（飛騨牛焼肉）、玉井屋本舗（鮎菓子）など。

26

ココイチの限定カレー

【愛知県】

カレーの上のナゴヤ

流行に鈍感な筆者もついに新型コロナに斃れ、入院することになった。とはいっても熱も症状も大したことはなく、5年前に肺炎をやった〝既往歴あり〟のため「一応ね」ということで、都内の某病院で7日間の完全隔離生活が決まった。

身体は完全に元気なのに入院というのは実に変な感覚だった。明日から入院という最後の晩「シャバで食う最後のメシを何にするか」と出前のラインナップを考えた時、いつもは迷うのに珍しく口が「ココイチが食べたい」と訴えていた。だが、なんという皮肉か。そういう時に限って、やさしい家人が病人食を作ってくれたのだ。

感謝に涙しつつ、翌朝、筆者は隔離された。口がココイチのまま。

あの時は東京都の感染者数がまだ5000人程度だったので、スカイツリーの見える4人部屋には筆者一人。「この部屋から1週間、何があっても絶対に出てはいけないよ」と、完全に防護服を着込んだお医者様と看護師さんがやさしく諭してくれる。入院中の点滴も薬も毎日の注射も必要となる医療費はすべて無料。普段は感じることも少ないが、こういう状況に追い込まれると国にも感謝である。それが朝・昼・晩の食事ならなおさらだ。味が薄かろうが、ぐにょぐにょしてようが、不味かろうが国民の血税からいただいているこのメシに文句など言えるはずもないのだ。この恐ろしく味気ないごはんは……シャバで濃い味に浸っているからなのか、口がココイチのまま隔離されたからなのかはわからない。だが、ひとつ確かなことはメシの時間になるたびに憂鬱な気持ちが募っていったということだ。

ノートPCを持ち込んで仕事もやってみたが思うようにはかどらない。窓の外は雨。口がココイチのままスカイツリーを眺めていたら、そういえば錦糸町のココイチで「牛すじ煮込みカレー」を食べたことを思い出した。なぜ錦糸町で関西の牛すじなのだろうか。口に先導されるように、ココイチのHPにアクセスすると、見つけてしまった。そこには「店舗限定メニュー」という地方カレーのパラダイスが広がっていた。大きなジャンルは期間限定と地域限定、そして店舗限定メニュー。「牛すじ煮込みカレー」は関西の地域限定メニューなのだが、東京の一部店舗でも店舗限定メニューとして提供しているらしい。ああ、そういえば横須賀中央のココイチで海軍カレーを食べたことがあるし、名古屋でカレーきしめんを見たこともある。これらはすべてココイチの店舗限定メニューだったんだ。

そこからは入院中の少年がまだ見ぬ世界各地の写真を見て思いを募らせるように、日本全国に散らばるココイチの限定メニューを夢中になって読み漁った。うふふ、北海道には「チキンレッグスープカレー」なんてあるのか。青森は基地の街・三沢には「空自空上げカレー」。富山の高岡横田本町店「高岡大仏コロッケカレー」と地域の名物をカレーにしたもの。加賀温泉駅前店では「ココイチの金沢カレー」、長野では「ココイチの黒部ダムカレー」などご当地カレーのココイチ版もある。

しかし、やはり聖地は愛知県だ。憧れの理想郷、カレーの王国、ココイチ発祥の地である愛知県の限定メニューはレベルが違う。味噌カツ、エビフライ、赤味噌、きしめん、台湾カレー、豊橋のカレーうどんなど全国最多の29種類と各店でナゴヤなカレーが楽しめる。そのなかでも最強の限定メニューホットスポットが東区錦通東桜店だ。ここには限定メニューだけで「エビフライカレー」「台湾カレーきしめん」「台湾カレーうどん」「うずら卵フライカレー」などがずらりと揃う。

愛知県ではココイチファンの聖地『壱番屋記念館』を併設する清須市の1号店・西枇杷島店が最も有名だが、この店にも「清須からあげまぶし」という限定メニューがあるそうだ。創業者の宗次徳二氏が栄に作った世界有数のコンサートホール『宗次ホール』と共に名古屋に行ったら一度は聖地巡礼してみたい。本場、愛知県のココイチを食べてみたいな——。

なんて、口がココイチのまま過ごした隔離の7日間が終わり、ぺこりと一礼してシャバへ出た筆者は口がココイチのまま都内の限定メニューのあるココイチへと向かった。さぁ、これから日本全国ココイチの限定メニューを巡る旅がはじまる。そんな予感がしたのだけれど。オーダーしたのはいつもの「豚しゃぶ＋チーズ」の４００ｇだった。ココイチって、そういうもんなんだよな。結局。

DATA

株式会社壱番屋（愛知県一宮市）。全国に1471店。ポークカレー591円、ビーフカレー718円、ロースカツカレー928円、やさいカレー841円、たっぷりあさりカレー791円。

〈愛知県〉中部地方最大の都市にして「尾張名古屋はメシで持つ」というほど、地域色の強い〝ナゴヤメシ〟が揃う。人口約748万人。［名物］手羽先、きしめん、ういろう、天むす。［その他有名店］矢場とん（みそかつ）、味仙（台湾ラーメン）、山本屋本店（味噌煮込みうどん）、あつた蓬莱軒（ひつまぶし）、ヨコイ（あんかけスパ）など。

27

北陸の回転寿司

【石川県・富山県】

日本海の寿司

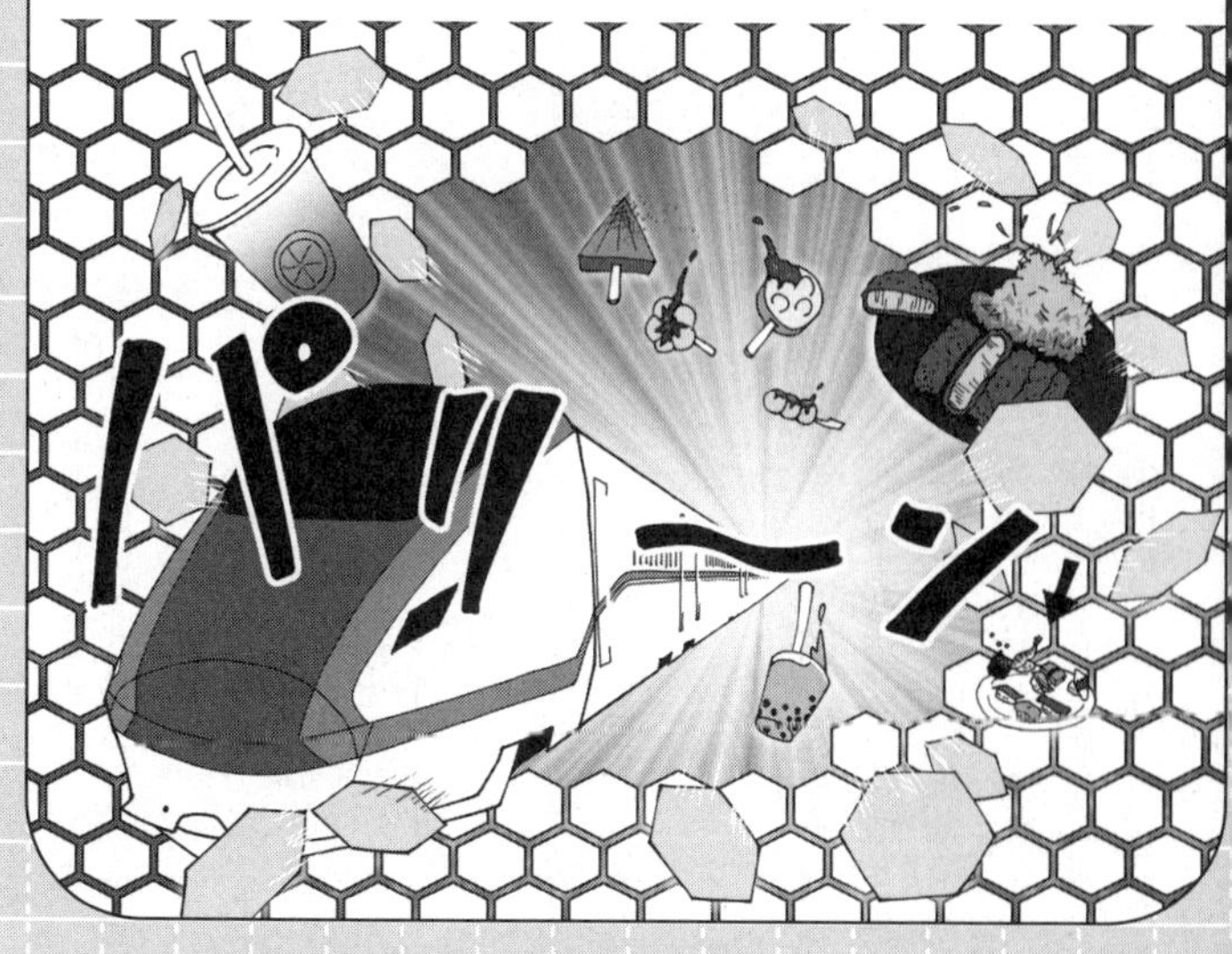

北陸新幹線が開通して以来、結界が破れたように、石川・富山の文化流入が盛んになっているような気がする。

先日、渋谷で大人気のレモネードの店が金沢発祥だという話を聞いたついでに、ちょっと調べてみると「能登とんかつ」やら「金座和アイス」なんて金沢モノがここ数年の間に続々と東京へ上陸してきている事実が判明した。その時に見落としていたことに気がついたのだ。まさか。もうすでに紛れ込んでいたのか。金沢の回転寿司チェーンが。彼らはホンモノだ。回っているからって、油断してはいけない。

我々はすっかり忘れていた。回転寿司とは魚だしのラーメンやタピオカミルクティーを出す店ではなかったのだ。北大路欣也が「シャリカレー」と断言するものだから、すっかり忘れていた。

回転寿司とて日本が誇る高級料理、寿司である。

金沢のある石川県が、なぜ〝県民ひとりあたりの寿司消費量〟で全国一になるのだろうか。まず大前提として寿司が美味くなければならない。言わずもがな北海道と並び我が国の寿司世界をリードする北陸の寿司。それは鎖国が解けた新大陸の黄金であり、日本海の大秘宝館だ。寒ブリ、のどぐろ、ホタルイカにガスエビ白エビ香箱ガニなどなど、日本海のシーオブジャパンオールスターズが雁首（がんくび）揃えるお魚天国である。

金沢が世界に誇る寿司の名店で口にするそれは、もはやこの世のものだとは思えない。ネタ、シャリ、伝統的かつ芸術的な仕事に細かな心遣い。そんなお寿司様で、身も心も中トロにされてしまうあの竜宮城な体験は一生に2度ぐらいで十分。

だがそれは地元民とて同じだ。現地民への割引があるわけでも、逆に観光地価格があるわけでもない。近所にあるからといって、毎月のように食べられるものではない。金沢でもスシローやくら寿司が人気なのはそういうこと。やはりシャリカレーは庶民の味方なのである。

ただ、違うのだ。100円寿司のその上の層が。北陸の地回転寿司。それは圧倒的なネタを持ちながら「回転寿司」という心のどこかに精神的な余幅をもたせてくれる、高級寿司とはまた別ジャンルの幸福。隣の店を見れば一カンに20分ぐらいかけて食べたい豪奢な寿司でも、回転ひとつでヒョイパクできてしまう快感。ネタのレベルも仕事も丁寧なうえに、絶妙に脂の乗ったのどぐろの握りも、高級店ではまずお目にかかれないツナサラダやらも食べられる。そこで食べたいかは別として。

そんな金沢回転寿司で東京に進出してきた二大巨頭が『金沢まいもん寿司』。そして『もりもり寿し』である。いや、ひらがなの名前からしてすでにそそるご当地感。美味いものの意「まいもん」。もりもり食べる「もりもり」。これだけ見たらEテレのテレビ欄のようだ。

『まいもん』の方は、日本一ゴージャスな回転寿司と噂されるだけあって、やや高級志向。老舗高級料亭風の佇まいからして漂う気品。たまプラ店なんて篝火を焚いてのお出迎えだ。「金箔のせ」に高級海苔を使った「究極手巻」もありながら、最安は能登いかサラダ軍艦など165円から。金沢定番ののどぐろ、富山白えび軍艦、アオリイカにがんこ盛りのかに。こぼれる海鮮宝箱など〝こだわりが廻る〟と謳うが如くネタも豪華ながら、しっかりと職人が握るプライドも実によく、華やかさと雅やかを伝えるトラディショナル金沢な回転寿司だ。

一方の『もりもり』。この野暮ったいネーミング。あえて敷居を低くしているのか。その実態は、行けば確かにわかる看板通りのネタがぶ厚くて、えげつない寿司がもりもりと出てくる竜宮城。名物はおいしいとこ取り、3種盛りだ5種盛りだ。ブリにまぐろ、エビカニ白身魚のどぐろらが北陸三点、もりもり三点、カニ五点などで、ご当地がキレーに盛り付けられてもりもりもりもり。日本海の新鮮な魚と寿司屋が集まる北陸の台所、近江町市場の店でも行列は途絶えないのだ。地元出身の森元総理だってわきまえて並ぶに違いない。

「まいもん」も「もりもり」も、お金だけじゃ得られない最高級の価値がある。本格派から変化球、硬軟、高安まで揃う寿司のバリエーション。それでいて予約はネットで。注文はiPadで、会計もスカウターみたいな機械で枚数を計測するサイバー便利な感じは、まさに回転寿司のそれ。なので生殺与奪の権（iPad）を子供に握らせてはいけない。奴らはくら寿司の『ビッくらポン！』のつもりでのどぐろを連射する。ことごとく力でねじ伏せるのみ。

というわけで、そんな回転寿司が東京を皮切りに全国へ展開しはじめた昨今。もはや北陸新幹線ではなく、西武池袋線で行けてしまう金沢だが、それでもまだ地元には「すし食いねぇ！」「海天すし」「輝らり」など回転界の強豪が残されている。

さらにその先には北陸回転寿司の神秘、富山県勢というエクストラステージだ。7本の川が流れ込む富山湾という天然の生け簀を持った富山回転寿司の個人的な3強「廻る富山湾　すし玉」「氷見きときと寿し」そして帰り際にトドメを刺される最終兵器、富山空港の「廻転とやま鮨」の慈悲なき寿司っぷり（最近銀座にもできてしまったが）。こんなに美味い回転寿司ばかり食べていたら不安になる。だからシャリカレーが食べたくなるのもわかるのだ。気分と財布とニーズの合致。日本全国、チェーン店とはそういうものなのである。

DATA

【もりもり寿し】株式会社ウエノフーズサービス（石川県金沢市）。1991年創業。石川県を中心に東京、埼玉などに14店舗。

【金沢まいもん寿司】株式会社エムアンドケイ（石川県金沢市）。石川県を中心に東京、神奈川、大阪、名古屋などに17店舗。

【廻る富山湾 すし玉】株式会社エムザック（石川県金沢市）。富山県に3店舗、石川県に1店舗。

【氷見きときと寿し】有限会社丸長商事（石川県白山市）。富山県を中心に石川、新潟、長野、三重に10店舗。

28

チャンピオンカレー

【石川県・金沢市】

金沢カレーなる一族

元祖やら本家の論争っていうのはいつの時代、どの場所でも何かしらが燻り続けているわけで、今日もどこかで「うちが元祖だ!」「いや、本家はウチだ!」なんて不毛な睨み合いは続いている。それが飲食業界となればひとつの形態が当たれば、それっぽい類似の店が雨後の竹の子のようにガンガン出てくるのはもう宿命みたいなもの。「そんなもの関係ないね!」と言ってはみても実際にはじめての町で名物を出す複数の店があったとき「元祖」やら「本家本元本場の味」、あまつさえ「思いっきりテレビで紹介されました」なんて文言を判断基準にしている己が信念の貧弱さを顧みれば、やはり〝元祖〟の称号は錦の御旗。ただし、バカボンのアニメ版は2作目が「元祖天才バカボン」だったりするイレギュラーも、世の中には往々にして起こり得ることは覚えておかねばならないのだが。

これもまた、「金沢カレー」というイレギュラーがある。2005年頃からその名が使われはじめたというそのカレーの特徴は「ルーはドロリと濃厚」「付け合わせにはキャベツの千切り」「ステンレス皿に先割れスプーン」「ライスが全面ルーに覆われる」なんてのが主な定義であり、金沢では古くから馴染みの味であった。

前作『それでも気がつけば〜』では「ゴーゴーカレー」を『金沢カレーブームの火付け役』として書いたが、これは金沢カレーを謳いながらも、遠く離れた東京は新宿で創業し、カレーチェーンとしてココイチに続く全国2位の店舗数を展開。果てはニューヨークにまで上陸し、故郷の味・金沢カレーの価値を再発見し地球規模に広げた功労者だ。

しかし忘れちゃいけないこの味を。「チャンカレ」こと「チャンピオンカレー」。金沢カレーの〝元祖〟と呼ばれる店のひとつである。

そう、金沢カレーは邪馬台国の成り立ちぐらい諸説が入り乱れ、サッカーＪ２ツエーゲン金沢のマスコット相関図ぐらい混沌としていて、賤ヶ岳の戦いにおける前田利家ぐらい〝ＤＤ〟（誰でも大好き）。本作ではおなじみ、カレーが好きすぎて頭が焼き切れたシマダ編集氏とて「いろいろある」とさじを投げるような状態だ。

金沢カレー界を彩る「ターバンカレー」「カレーの市民アルバ」「キッチンユキ」「ゴールドカレー」などの有名店は数あれど、１９６１年『洋食タナカ』として創業し10年後にカレー専門店で再出発。以来、金沢におけるカレーというジャンルでチャンカレほどカルトな人気を誇る店はない。今は本店が野々市だけど。

ただ元祖だ火付けだルーツだ松井秀喜が通ったと、そんなことはどうでもいいぐらい、筆者はひとくち食べた時からチャンカレの大ファンなのである。何よりも独特の深いコクを持ったあのカレーソース。どろりと心に染み入ってくる深い味わい。これがフランス料理を学び、洋食屋のシェフだった創業者田中吉和が考案し、受け継がれてきた伝統の味。金沢を席巻し、日本そしてやがては世界の果てでインド人をも涅槃に導くであろうカレー・ネイション・オブ・ザ・ワールド。略してカ・ナ・ザ・ワ！

はじめての出会いは雪の降りしきる夜だった。不慣れな雪道と見知らぬ街。車も満足に走らず空腹と不安で絶望の淵に立たされていたとき。吹雪の中でもハッキリと認識できる黄色と赤のベネズエラカラーなド派手な看板。そこに、彼がいたのだ。一度見たら忘れられないあのキャラクター。なに？　あれ。黄色くて、半液体のような人かモノノケか。赤い冠。ちょびヒゲ。やだ、なんか筋骨隆々。いけないものを見てしまったかのような背徳感に、思わず目を伏せてしまう。チャンピオンカレーのキャラクター。通称「チャンカレの彼」。社内では「おじさん」と呼ばれているらしい。食欲が湧くかどうかはわからないけど気になる。あのおじさん……へんなんです。

おすすめは客の約８割が頼むという「Ｌカツカレー」だと勧められるままに食べたチャンカレは、ひと口含んだだけで強いと感じた。ごはんを覆うドロドロなルーのインパクト。ほどよくスパイシーでありながら、その奥に複雑な旨味が絡み付く。芳醇な風味が鼻を抜ける度に、得も言われぬ幸福感。ああ、うまい。なんて額の汗を拭えば、そこへカツが来る。洋食タナカ時代の「とんかつ定食」を始祖とする納得のヘビー級。Ｌカツの肉汁が芳醇なルーと絶妙に絡みあえば、瞬く間にステンレスの皿は、世界で一番弛緩した顔面を映す。カレーを食った。そう確信できる圧倒的な充足感に〝彼〟の顔も「アイムチャンピオン」と自信に満ち満ちているように思えてくる。それほどに感動してしまった。

当時はまだ北陸新幹線開通前の金沢が遠かりし時代。チャンカレには、しばらく会うこともないだろうと思いレジで〝彼〟が刻印された持ち帰り用1kgパックを3体購入した。

だがそれがはじまりだった。毎日、冷蔵庫を開けると彼がいた。チャンカレは東京にもわずかに店舗があり、通販もやっていたのだ。おかげでひどい時には7人ぐらいがこちらを覗いていたこともある。蜜月の関係は2年ぐらい続いただろうか。それは幸せな、濃厚な、時間だった。結婚を機に新しい暮らしをはじめると、〝彼〟の姿はぷつりと消えた。

そんなドロドロな日々も忘れ掛けていたある日。東京の街でTシャツになった彼と目が合った。

2021年。チャンピオンカレーは60周年を迎えたそうだ。そこへ合わせてきたのか彼がTシャツやパーカー、キャップにどんぶりにとグッズ展開され、いろんな企業とのコラボやイベント協賛など、えらい攻めの姿勢を見せている（公式パートナー企業になったJ2ツエーゲン金沢が『うんこドリル』とコラボした歴史的イベントへの参加はさすがに辞退したらしいが）。

その一環だろうか、チャンカレの公式HPでは、金沢カレーの成り立ちから現在までの足取りを調査しまとめたヒストリーページも完成した。六十にして耳順う。これは従事者としてはおそらく史上初のことで現存する資料と当時を知る人から取材し、まとめられた貴重すぎるコンテンツ。少なくとも筆者が知る限りこれまで見たどの資料よりも詳細に記されているので、歴史を知りたい人は是非とも覗いてみることをおすすめしたい。

とはいえ、である。チャンカレは、チャンカレだ。元祖でも、火付け役でも、もはや金沢であることすら、些末なことなのかもしれない。久しぶりにチャンカレを口にすると、円熟味を増した〝彼〟が、やっぱりこう言っているように思えた。

「だから言っただろう。俺こそが、カレーのチャンピオンだ」

DATA

株式会社チャンピオンカレー（石川県野々市市）。石川を中心に全国で32店舗を展開。チャンピオンカレー710円、Lカツカレー960円、チキンカツカレー830円、エビフライカレー960円。〈石川県〉加賀百万石の時代から独自の文化と歴史を重ねてきた金沢を中心に、食でもカレーやラーメンで独自の進化形態を見せている。人口約111万人。県知事は馳浩。［名物］寿司、和菓子、治部煮、ハントンライス、カニ。［その他有名店］8番らーめん（ラーメン）、中華料理チュー（中華）など。

29

ヨーロッパ軒

【福井県】

パ軒の品格

ロシアがウクライナに侵攻してからというもの、毎日ほの暗い気持ちで過ごしている。生きているうちに起きなければいいなと考えていた三大災厄のうち「大地震」「疫病」に続いて、今や「世界大戦」までが鼻先に突き付けられた。「過去の反省を教訓として〜」なんてお題目を唱えつつ、100年前の轍を同じようになぞる人類の愚行を見るたびに、怒りがこみ上げ、ついでに腹も減る。

ここが人類の岐路だ。平和への願いが勝つのか。理不尽でも絶大な力がカツのか。ヨーロッパの覇権は。パ軒は。〝パ軒〟ことヨーロッパ軒のソースカツ丼は。人類は。丼類は。ああ、ちょっと待て。腹が減るのはなぜだ。

カツ丼。それもソースな気分。福井のカツ丼はソースカツ丼。卵で綴じないソリッドな姿はもはや誰もが知る疑いようのない名物だ。

その誕生は100年以上も遡る。明治の終わりに西洋料理の研究のためベルリンへ渡った福井市出身の高畠増太郎さんが、1913年に東京で開催された料理発表会でドイツ仕込みのウスターソースで作った「カツ丼」を発表。これが話題となるや、同年に早稲田鶴巻町に店を出した。その名を「ヨーロッパ軒」といった。パ軒である。

その後、パ軒は横須賀の追浜に移転するも関東大震災で焼け出され、故郷の福井は片町で再開。ソースカツ丼は福井県で〝カツ丼〟として広まった。

このソースカツ丼。もちろん諸説はあるのだが、その歴史は一般的なタマゴで綴じるカツ丼よりも古いとされている。全国的にも長野の駒ヶ根、群馬の桐生、福島の会津などはソースが主流。新潟もたれカツ丼が有名で、それぞれにキャベツの使い方や、カットの大きさ、ソースなど、特徴が微妙に違うのであるが、やはり本場福井パ軒のそれは始祖の風格。片町通りの総本店に客足が絶えず、食べれば一味も二味も違うと唸らされる。

カツは薄くスライスした脂身の少ないロースとモモ肉。特徴的な目が細かいパン粉でカラリと揚げたカツがどーんと3枚。そこにドイツ仕込みのウスターソースをベースに研究・開発した自慢のタレをカツだけでなく、ごはんにもたっぷりまぶして完成する。この『特製カツ丼ソース』、自宅用に必ず買って帰ってしまう。

さて、食べ方だ。Ｙｏｕｔｕｂｅには、福井県の観光連盟が福井流の食べ方として紹介している動画がある。それによると、『丼のフタが閉まらないほどカツが載っている場合があるので、丼のフタを開け、大量にあるカツをまずはフタに移動。ごはんの上には一枚だけの状態にして食べる』というのが流儀らしい。

一口食べれば簡単に噛み切れるやわらかなカツの甘味が迸り、ふた口食べればソースの酸味が翻る。カツとごはんとソースの美しすぎる三国干渉。ああ、福井の犯罪率が低い理由も警察署で出るカツ丼の違いのような気がしてきた。「やったのはおまえだな」「ソース」なんちゅうてね。

ちなみに牛カツもあればエビノライもあって、カツとのミックスもできる。もうひとつの名物「パリ丼」はカツではなくメンチカツ。パリッと揚がったからではなく、洋風だからパリ。そういう時代だ。

そして忘れてはならない、このパ軒には大きく枝分かれした分店がある。昭和14年、日本海側の重要港である敦賀の地にのれん分けで開店。以来5店舗を展開する「敦賀ヨーロッパ軒」だ。この敦賀は福井とはまたちょっと違った進化をしているのが興味深い。まず相生町にある本店は、その見た目からしておかしい。昭和49年完成「味のお城」と名付けられた7階建ての〝味〟しかないビル。住宅街の中に突き出したカツ丼の塔は、結婚式場から宴会場、しゃぶしゃぶやステーキまで揃うトンカツ遊戯。周囲の駐車場にはソースカツ丼がデザインされた社用車が並び、入口の門扉にはロシア語で旅人を歓迎する看板が掲げられている。

そう。敦賀といえばロシアだ。その港は1902年にウラジオストクとの定期便航路が開通して以来、ロシア領事館が置かれ、多くのロシア人が訪れる玄関口となった。戦中には杉原千畝が発行した「命のビザ」で亡命したユダヤの人たちが辿り着き、町には今もロシア語の標識が多く残っている。

この敦賀ヨーロッパ軒も、看板はやはりソースカツ丼とパリ丼だ。地元民に言わせれば、福井とは味が違うというが、よそ者からすればどちらも美味いに同じ。わかりやすい違いといえば、昔ながらのでっかいアルマイト製のヤカンで出てくるお茶と、敦賀にしかない奇妙なメニューか。たとえばAランチにも入ってくる「ポークジクセリ」はピカタのこと。あとは「スカロップ」と呼ばれるトンカツにデミグラスソースをかけた名物だ。これは北海道の根室に「エスカロップ」という似た洋食があるが関係性は謎だ。ロシア料理なのかと思いきや、語源はフランス語という説もあるという。そういや敦賀の北にある越前市にも「ボルガライス」というオムレツにトンカツをのせた国籍不明料理もあったな。この地域の名物は「なんだかロシアっぽいなぁ」と思いつつも、調べてみたら国籍不明のミグみたいにunknownな料理が多い。

１００年前の人も食べていたソースカツ丼。国籍不明な感じも含めて、次の人へと渡してあげたい。一日も早くヨーロッパに平和が訪れますように。

DATA

有限会社ヨーロッパ軒（福井県福井市）。福井県内に19店舗。カツ丼1080円、パリ丼1080円、エビ丼1080円、ビーフカツ丼1480円、3種盛スペシャルカツ丼1280円、オムライス980円、カレーライス980円。

〈福井県〉北陸最南端、日本海と若狭湾の海の幸に永平寺。航路のあったロシアからの影響も。人口約75万人。冬に水ようかんを食べる。［名物］越前おろしそば、小鯛の笹漬け、へしこ、ボルガライス。［その他有名店］秋吉（やきとり）、越前つるきそば（そば）、オレンジBOX（コンビニ）など。

30

天下一品温泉

【滋賀県】

こってり温泉

天下一品。それはこの世にふたつとない至宝。そしてそれはラーメン界において〝こってり〟という文字へと変換される。こってり＝天下一品。創業は1971年。京都は銀閣寺周辺で、拾い集めた廃材を利用した屋台から生まれた一杯の奇跡は、木村勉現会長による現代の立身出世物語として今に伝わる。しかし、このラーメンも最初はどこにでもありそうな醤油ベースのラーメンだったという。それが、どうせやるなら「わざわざ遠くからでも食べに来たい」と思わせる〝代替の利かない味〟を求めた会長による執念の結晶として、約4年の歳月を使いあの鶏ガラベースの超濃厚こってりスープを誕生させた。

1975年、京都・北白川に総本店を構えて以降、その味を求めてひっきりなしに人がやってきた。店の前に並んだ行列は、やがて、京都から関西へ。関西から全国へと増えていき、創業50周年を迎えた現在では北は秋田・大曲から南は沖縄・宮古島まで、全国に約230店舗を展開する一大こってり王国を築くまでになった。今では京都に行けば修学旅行生までが〝聖地巡礼〟として本店を詣でてはパンパンと柏手を打ったのちに「ああ、本店の味はやっぱり濃度が違う」なんて舌鼓を打っている。

だが、それは本店のまやかし。厨房に創業当時の寸胴は残ってはいても、スープは他の店舗と同じ。京都の隣、滋賀県は瀬田のスープ工場で作られたものである。

かつて「瀬田に旗を立てよ」と言ったのは、天下を望み上洛を志した武田信玄といわれているが、京都の入口である瀬田という土地は交通の要衝であり、京都と東海道、北国街道を結び、忍者の郷である伊賀・甲賀へも繋がっていく。壬申の乱から源平合戦、大坂夏の陣まで幾多の戦いの舞台となり「唐橋を制するものは天下を制する」なんて言われた瀬田の唐橋から車で10分もかからない場所に、天下一品のスープ工場があるのは何の偶然か。

1998年に設立されたこの工場は、天下一品の命であるこってりスープを創り出す心臓部。8つの釜で一日15万食といわれるスープが製造され、全国各地の天下一品へと配送されている。そう、天下一品と言えば「京都」が中心地であることは間違いないが、同じぐらい滋賀県も重要な拠点となっていることがわかる。

それはもうひとつの拠点、いや居城と言った方がいいのかもしれない。琵琶湖の西岸、おごと温泉にある天下一品の温泉施設「スパリゾート雄琴あがりゃんせ」の存在が大きい。京滋最大の関西圏における健康温浴施設としても屈指の人気を誇るこの「あがりゃんせ」を、天下一品の運営だと知る人は意外と多くないという。なぜなら総敷地面積約3000坪の施設内には、天下一品の影が微塵もないのだ。グルメは和食焼肉イタリアンと揃っていても、肝心の天下一品は、「近隣の店舗を邪魔しない」との信念の下、出店を控えているのだとか。しかし、こってりラーメンはなくとも、こってり温泉と言いたくなるような濃厚サービス温泉施設である。天然源泉2本を引いたドでかい天然温泉に、眼前に広がるレイクビューの絶景な露天風呂。バリエーションに富んだ温泉にずらり並んだ庭園露天風呂の釜が、なんとなく瀬田のスープ釜を連想させるのはご愛敬。名物の「ワールドパフォーマンスキャッスル」を謳う関西圏でも最大級となる5種類の岩盤浴に、サウナ好きにも評判の高温サウナは十分すぎる広さとロウリュサービス。水深の深い水風呂と、琵琶湖の風を感じる外気浴のエリアと整うためには最高のシチュエーションが揃い、湯上りは畳敷きの休憩エリアに、琵琶湖沿いにブワーッと200席用意されたリクライナーチェア。無料で使えるマッサージチェアも50台の大盤振る舞いで、さらにマンガコーナー、マッサージにカラオケ、フィットネス。ついには劇団を招いて公演を行う大衆演劇の劇場まで併設し関西圏では馴染みの天下一品冠スポンサー番組の収録も行っていたりと充実。これで料金は平日大人1650円とあっては、平日でも多くの客で賑わうこの〝天一温泉〟。しかし、最大の目玉は、あがりゃんせにいれば〝こってりビッグボス〟木村勉会長にフツウに会えてしまうこと。ある意味、カーネル・サンダースとお話しできるようなものである。

そもそもこの「あがりゃんせ」は木村会長が天一ファンへの感謝の気持ちで作った憩いの場所という側面が強いのだという。今でもバイクでブワーっと各店舗を視察しているという木村会長は、店の前に行列を見つければ「待たせて堪忍な。ワシがやっとる温泉やから来てや」とあがりゃんせの優待券を配っているというほど、〝もてなし〟の意味合いが強く、毎日が天一ファン感謝デー的なその商売っ気のなさが「あがりゃんせ」に多くのお客さんを呼んでいる。

会長はほとんどの日をこの場所で過ごし、風呂場で、食事処で、マッサージ処で、気安くお客さんと話をしては写真を撮ってスターのようにお客さんをもてなしている。ここでお客さんとの会話から「あの店の対応が素晴らしい」、「ダメだ」という話を耳にすればすぐに対応する目安箱のようにもなっているとか。

50年前に「わざわざ遠くからでも食べに来たい」と思わせるラーメンをと完成した天下一品も、今では願った通り本拠地である京都ほか関西各店舗の店を食べ歩きたいとやって来るお客さんも多いという。そんな時、このあがりゃんせと隣接する宿泊施設「ことゆう」は、拠点としても実に優秀だ。

琵琶湖の眺めは天下人の眺め。都にも近い琵琶湖の畔に織田信長が安土城を築いたように、ラーメンの天下布武はこの地からはじまっている。

DATA

株式会社天一食品商事（滋賀県大津市）。中華そば専門店「天下一品」は全国に224店舗。［スパリゾート雄琴あがりゃんせ］一日入館料（おとな平日）1650円。和食、焼肉、イタリアンの食事処あり。

〈滋賀県〉県のおよそ16%が琵琶湖。そのほかには近江八幡、延暦寺、安土城跡に彦根城、甲賀まで備えた歴史の町。人口約140万人。［名物］近江牛、赤こんにゃく、鮒寿司、焼鯖そうめん、スヤキ、サラダパン。［その他有名店］すだく（焼肉）、魚松（松茸＆近江牛）、ちゃんぽん亭（近江ちゃんぽん）など。

31

あじへい【三重県】

――三重県人の登竜門

ハラが減ったらあじへいだ。三重県にはご当地の大名物・松阪牛の焼肉屋なんて店も数あれど、伊勢市出身の寺田光輝さんは「松阪牛なんて観光客のもの。地元に住んでいても数回しか食べたことがないです」なんて、ブラジルのコーヒー農園労働者みたいなもんだと表情を変えずに呟く。そして、その後には決まってこう付け加えるのだ。「地元の人間は、息を吸うようにあじへいへ行くのです」と。

ラーメンぎょうざのあじへい。三重県だけど見栄を張らない〝家族的美食屋〟。空腹時に街道沿いにアンニュイな表情のチャイナガールが見えたら、考える間もなく吸い込まれてしまうという、安くてデカくて、そこそこうまい。これ即ち家族的美食と意訳される名店中の名店。一人客でもファミリー層でも、訪れる人を必ず腹いっぱいにさせてくれる生活に密着した中華料理店は、なにがうまいとか名物とかそんなものはさしたる問題でなく、紅ショウガと一緒に食べるギョーザをマストで頼めばあとはラーメンだろうとホイコーローだろうとスタミナ丼だろうと気分次第。テーブルには無料のキムチが常備で食べ放題。唯一『みそ串カツ』が東海と関西の狭間にある三重っぽさを物語る。

元はラーメン店からはじまっているだけあって、ラーメンの種類が醬油みそ塩に白湯・担々麵・節系醬油、期間限定で台湾ラーメンと豊富。メインのあじへいラーメンは、鶏ガラ＋豚骨の醬油系。白菜と豚肉に大量のネギ、細めの麵がスープに馴染んでいい塩梅だ。気を付けなければならないのが、ラーメンの大盛りが、ほぼ洗面器であるということ。ギョーザや唐揚げもファミリーサイズはエグイが、三重の大人たちにとってあじへいはこれが当たり前。なぜなら地元で育った人間は、小学生の時に「ちびっこクラブ会員」を経験してきているからだ。このあじへい構成員養成下部組織は会員になると様々な特典を受けられるため、自然とあじへいファンになるだけでなく、小学校を卒業すると同時に直径25センチの巨大ラーメンを無料でプレゼント。卒業試験のようなこの儀式を経て、晴れて一人前のあじへい好き三重県人になるという育成の妙なのである。

DATA　株式会社ダイム（三重県伊勢市）。三重県に14店舗、愛知3店舗岐阜に1店舗。あじへいラーメン790円、餃子330円、リッチセット1230円。［名物］松阪牛、伊勢うどん。［その他有名店］一升びん（焼肉）、桃太郎（おにぎり）。

32

からふね屋珈琲店

【京都府】

京都・パフェの都

死にたいくらいに憧れた古(いにしえ)の都・大京都。今川義元も武田信玄もこの地を目指して斃(たお)れ、木曽義仲も太閤秀吉も坂本龍馬もその魅力にメロメロにされてしまった町。厳かな神社仏閣を前に悠久の歴史に思いを巡らしつつ、背中で「ぶぶづけ食うていきなはれ」と言われやしないかビビっている。そう、そこは他府県庶民が絶対に踏み込めやしない古都の領域・KTフィールド全開の街、KYOTO。八ツ橋、ゆべし、おばんざい。「美味いのかこれは、雅趣に富んでいるのか」。仁和寺、竜安寺、銀閣寺。「趣深いのかこれは。いとおかしなのか」なんて戸惑いながら。はにかみながら。

京都はすべての人にやさしいわけではない。ひと昔前の京都、ひときわ飲食店なんて、羅生門が如く魑魅魍魎がうようよしていた印象だ。憧れの京懐石に祇園のお茶屋。適当に飛び込めば修学旅行で木刀持ったヤンキーにカツアゲされた中学時代の悪夢が蘇る。

だが一方で、全世界から人が集まるこの町こそ、庶民の味の権化。碁盤の目には安くてうまい定食屋や町中華がごっそり詰められていて、チェーン店にしても「餃子の王将」、屋台から身を起こした「天下一品」というBIG2を筆頭に、新撰組が襲撃した池田屋の跡地までが居酒屋「はなの舞」になっていたりと独特のチェーン文化を形成している。

注目したいのが喫茶店や茶屋の多さだ。さすがは観光都市。映画撮影所や大学も数多く、休まずにはいられない。「喫茶ソワレ」に「フランソア」や「築地」。「イノダコーヒ」、前田珈琲など有名老舗喫茶店は数あれど、ここ以上のインパクトがある喫茶店を見たことがない。

「からふね屋珈琲店」。2022年に創業50周年を迎えたこの店は、7年前にジェイアール西日本フードサービスネットの運営となってからは、強みを活かして新大阪や高槻など駅テナントへの出店を増やしているが、ここ「三条本店」は、それらとは成り立ちからしてまるで別の系統であり、創業以来独自の展開で唯一無二の世界観を紡いできた。

もうね。釘付けなのである。三条大通にあるこの店の前に来たら、ときめきを忘れたおっさんでさえも、黒人の子供がトランペットに憧れるように、ショーウィンドウの前で動けなくなる。

パフェだ。巨大なショーウィンドウの中には、まるで三十三間堂の千手観音がごとくパフェがずらりと居並ぶ。すごい。あっけにとられたまま店内へ入れば、エントランスにはさらに巨大で個性が過ぎるパフェがいくつもディスプレイされている。4～5名様向き「バケツパフェ」9350円。8～10名様向き「ブーケ」1万6500円。20～25名様向き「ル・レーヴ」5万5000円……まるで禁忌を犯したバイオ工学研究所かのような怪物パフェの姿がずらりだ。しかしそんなものでさえこの店の個性の一端に過ぎない。ここはパフェの都。可能性という名のありとあらゆるパフェに出会える店。常時150種類とも200種類とも言われるパフェのラインナップは、大きく分けて12系統「チョコレート」「コーヒー」「ストロベリー」「ジャンボソフト」「フルーツ」「ベジタブル」「和風」「キャラメル」「ミルクティ」。そして「ジョッキパフェ」「パーティーパフェ」「おもしろ系」……なんか、ヘンなのも混ざっているが、確かに12系統ある。それぞれのジャンルには5～30個ぐらいのパフェがあり、さらに旬や流行の食材で作る期間限定のパフェも加わってくる。それらは創造主たる「パフェクリエイター」がデザインを考案し、パティシエならぬ「パフェシエ」が、美しく具現化させる。

人気のベスト3「黒みつと抹茶わらびもち」「ジャンボチョコソフト」「ロイヤルミルクティ」あたりは、素材の調和を含め、実にきめの細かい素晴らしい仕事ぶりだ。いやいや、こんなものベスト3を出すまでもなく、パフェは美味しいに決まっている。150出そうが200出そうが、美味しくないパフェなんてこの世に存在するわけがない。パフェは美味しいからパフェなのだから。

なんて、ご高説を垂れたがるパフェ好きに、この店はリミッターが振り切れた果敢な挑戦を挑んでくる。「おもしろ系」という人類未踏のパフェ桃源郷。「最強エビフライパフェ」「なんちゃってたこ焼きパフェ」「さくさくロースかつパフェ」なんて暴挙は、インパクトだけの出オチ要員だろうと思いきや、これが甘じょっぱくて意外にイケてしまうまさかの実力派おかずクラブ。ひと口、ふた口の序盤はエビフライとクリームがバラバラで違和感があるかもしれない。しかし食べ慣れてくると、禁断の組み合わせ「脂と糖」が薩長同盟よろしく手を組んで、新しいパフェの夜明けを堪能させてくれるのだ。

もちろん、過去に「キムチパフェ」などが狙いすぎてボツになっているように、開発過程の中で美味くないパフェができることだってある。そう、このからふね屋の店頭に並んだパフェは、世の中の食材の組み合わせによるあらゆる可能性を吟味し、パフェであるための「美味い」という存在意義を満たしてきたものたちなのである。

最近の京都はスイーツの町といわれるだけあって、街中には創意工夫を凝らしたパフェによく出会う。そのなかでも特に異質なパフェの聖地・からふね屋。そういえば喫茶店なので、珈琲やカレーも美味しいぞ。

DATA

株式会社ジェイアール西日本フードサービスネット（大阪府大阪市）。京都、大阪を中心に10店舗。岡山駅にも店舗がある。挽きたてドリップ珈琲550円、パスタ・ボロネーゼ950円、デリチュースセット（コーヒーつき）900円。

〈京都府〉明治時代になるまでの日本の都。先の大戦は応仁の乱。京都人と認められるには千年単位という都伝説。漬物ひとつ取っても年期が違う。人口約254万人。［名物］おばんざい、湯豆腐、抹茶スイーツ。［その他有名店］第一旭（ラーメン）、かつくら（とんかつ）、志津屋（パン）など。

33

551蓬莱

【大阪府】

あるとき／ないとき

あるとき。ないとき。

関西人はそれだけで理解する。ナニワの豚まんナンバー５５１。ワオ！

『かに道楽』『ホテルニューアワジ』と並ぶ関西定番ＣＭ『５５１蓬莱』のあるときorないとき。人間が持つエゴと、豚まんが持つ幸福度を秀逸かつ端的に表現した名作だが、あるとき・ないときで人間はこうも豹変する。見返りを求めない利他的行動なんてなんぼのもんや。〝業の世界へＧＯする逸品〟５５１。それは幸せの証。関東の人間は「身内が豚まんをおみやげで買って来てくれた冬の午後の幸せを知らん」というだけで「かわいそうやなぁ」と憐みの対象となる。肉まんなんてアカン。大阪では肉＝牛肉だから「豚まん」だ。名前に濁音が入ると親しみやすくなるともいうが、具体性のない肉よりも、豚の方が顔が浮かぶ。神戸じゃ11月11日は見た目が豚の鼻っぽいから「豚まんの日」らしい。

関東だって、豚まんなら横浜にゃ『江戸清』がある。おみやげでもらえばテンションが上がるのも同じだ。でも関西の人に言わすと幸福の種類がまるで違うらしい。それは生活への密着度。『江戸清』のような中華街という特別な環境にあって「どうだ」とばかりの大型非日常豚まんとは違う、５５１はあくまでも日常の延長線上に咲く路傍の豚まん。大歓声じゃない。「ああ……」とため息が出てしまうちょうどいい幸せの一歩上。だからこそ、関西中に散らばった59店舗の前には今日も幸せを求める行列ができる。豚まん一日17万個だ。なるほど「西の551、東の崎陽軒」と称されるのもよくわかる。ちなみに『崎陽軒』の肉まん、551でも焼売は隠れた逸品であるが、そこまでテンションは上がらない。やはり豚まんとシウマイなのだ。

季節は冬だ。2021年。長かった緊急事態宣言も明け、オリックス・バファローズも優勝したので、ちょこちょこと大阪へ行っている。新大阪で新幹線、伊丹で飛行機を降りれば、いつもと変わらぬ551の行列や紙袋を持つ人たちがいて、それだけで、なんとなく安心する。

551は持ち帰り専門店やレストランなど店によって業態が違うのであるが、今回は半年の大改装工事を経て、リニューアルしたばかりの本店に久しぶりに行ってみた。

南海ホークス不惑のホームラン王・門田博光に「おーい門田、豚まん食うか？　こっちこーい」なんて、野次が飛んでいた大阪球場のすぐそこ。なんば戎橋商店街にある『551蓬萊　戎橋本店』。終戦の年に難波で「蓬萊」を創業した3人が、1964年にそれぞれ会社を持ち、そのうちの1店が株式会社蓬萊としてはじまった。551の名は「555」というたばこの銘柄と電話番号の末尾、そして「ここがイチバン」という愛知県のカレー屋と同じ理由で命名しているのも運命を感じる。

以前はちょっとレトロがかっていた店舗の外観もキレイな豚まん色に染まり、2階から上のレストランもすっきりした。メニューは多少変わり、エビ焼売、春巻、甘酢団子に担仔麺（タンツーメン）に豚まんと杏仁豆腐がついた人気アイドル6人組のような「５５１点心セット」なんてのもできたが、やはり人気は海鮮焼そばと豚まんだ。

もちろん家で食べる豚まんもいいが、店で食べるせいろで蒸された豚まんは、やはり一味違う。もっちもちの皮にぎっしりつまった豚肉のあん。しっとりハフハフ。ジュワーと沁みる玉ねぎ&豚肉のジューシーハーモニー。豚まんの下に敷いているのは〝ざぶとん〟と呼ばれる松の木。これが香りを付けるだけでなく、食べる分だけ切れる気の利き方よ。しかしこうなると欲しくなるのだ「５５１電子レンジ専用セイロ」である。これと「串カツだるまのバット」「ぼてぢゅうのヘラ」なる大阪三種の神器が揃えば、八尾（ヤオ）ヨロズな河内のおっさんも、おーよぉ来たのワレ、まぁ上がって行かんかい……となると聞く。

ああ美味かったと外に出れば、店の横には、60年前に袂を分かった『蓬莱本館』がある。しかし互いに「創業時は同じでも今はまったくの別物」と声を揃えるようにこちらの豚まんはちょっと小ぶりであっさり。５５１にはない食べ放題なんてこともやっている。

帰りに買ったみやげ用も、消費期限は5日だ。すぐに底をつく。

東京は今日も木枯らしが吹く。豚まんでも食べたい午後だ。

DATA

株式会社蓬萊（大阪府大阪市）。大阪府を中心に59店舗展開中。品質保持のため関西以外の出店はないが、公式通販あり。豚まん（10個入り）1900円や焼売（10個入り）700円（各送料別）のほか、ギフトセットも。

〈大阪府〉言わずと知れた食い倒れの町。安くて美味いが当たり前。二度づけするは人に非ず。人口約877万人［名物］たこ焼き、うどん、串カツ、とん蝶。［その他有名店］ぼてぢゅう（お好み焼き）、インデアン（カレー）、北極星（洋食）、だるま（串カツ）、KASUYA（かすうどん）など。

34

TAKOPA

【大阪府】

大阪たこやき遍路

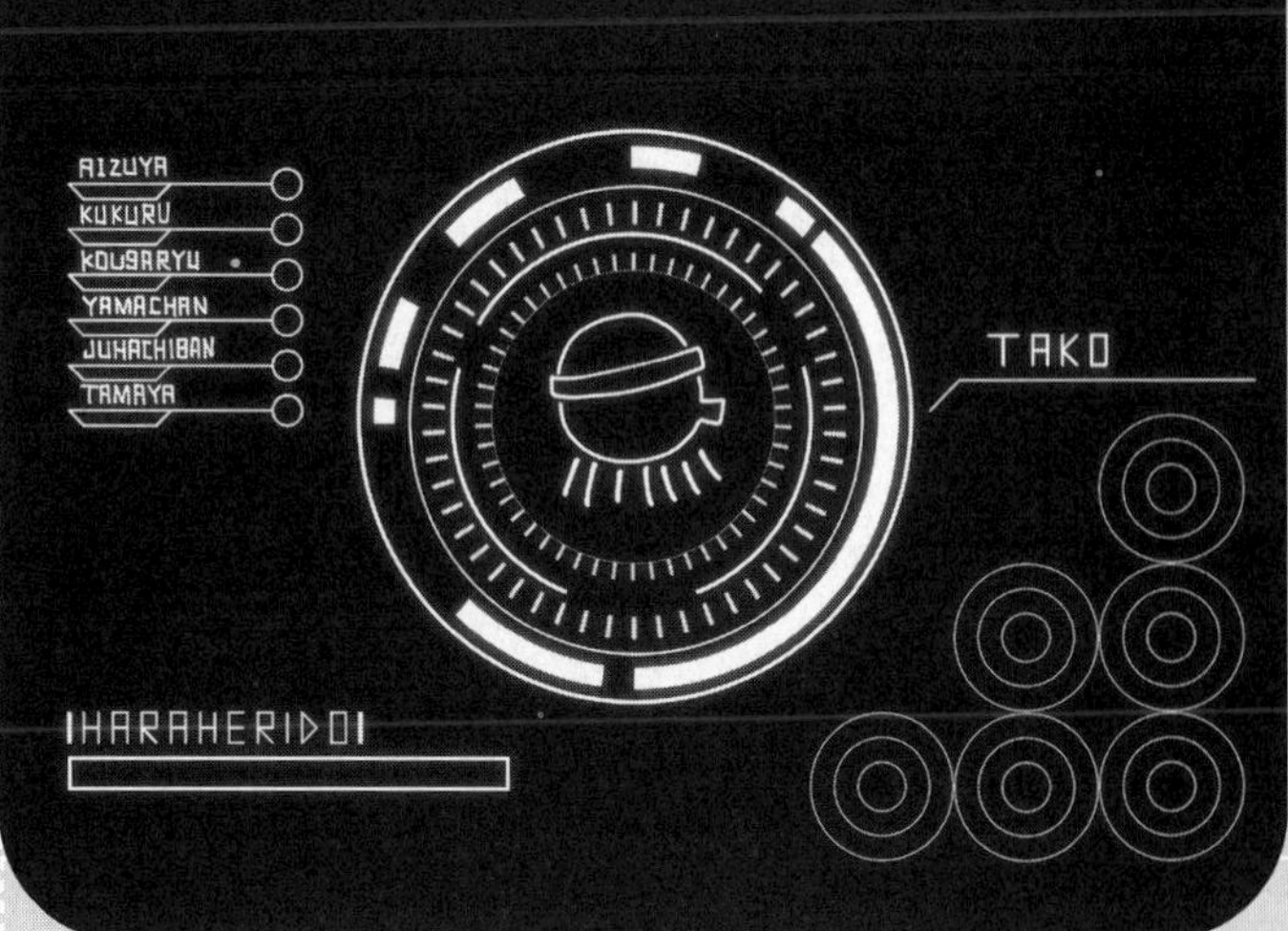

ばんぱくばんざい。

２０２５年に大阪で万博が行われることが決まった。東京オリンピックであれだけ醜聞が続いた、上の世代の人たちの〝夢よもう一度〟の押し付けみたいな感覚は否めないが、さりとて「税金の無駄遣いだ！」と拳を振り上げるでもなく、それはそれで楽しみだったりする。特に日本の外食産業は１９７０年の大阪万博からすべてがはじまったと言われているビッグバンイベント。コロナで大打撃を受けた飲食の再興の光とならんことを期待せずにはいられないのだ。

だから歌おう。こんにちは、こんにちは。キタの新地からミナミの新地まで。いやいや、今度の万博会場はニシらしい。大阪湾に面した此花区「負の遺産」とも囁かれた人工島・夢洲。そこが舞台となるようだ。ちなみに隣の島はオリックスの二軍球場などスポーツ施設が集まる舞洲で、その隣にはＵＳＪと、このエリアのナチュラルボーン博覧会感は日本でも屈指となっている。その中には、大阪のたこやき万博ともいえる、あの場所があることを忘れてはならない。

「ＴＡＫＯＰＡ」

ナニワの人気たこ焼き6店が一堂に集結したフードミュージアムだ。前作でも書いたが筆者は大阪のたこ焼きに異様な憧れと執着がある。２００2年のサッカーW杯の時には、フーリガン取材と言いながら長居競技場の近くの西田辺商店街にあった「たこかいな」という店でバイトさせてもらった。今はもう店はないようだが、あそこで焼いて食べたたこ焼きの味。忘れられないほど美味かったなぁ……。

そんなことも含めて二十余年の間、大阪を訪れるたび、必ず一軒「美味しい」という噂の店を慈しむように巡礼してきたのである。それが一堂に会してしまった悔しさは「この寺に行けば四国遍路八十八ヵ所に全部行ったことと同じ効果がある」と謳う寺院の存在にも似ていなくもない。当然『そんな場所、御利益なんてあるわけがない』と嘯き2006年のオープン以来、あえて見ないフリをしてきた。

ところがこの度、ＵＳＪに行ってしまったのだ。そこに隣接するこのたこ焼き万博会場を……そこを素通りすることなど、ワタシにできるわけがなかったのです。

タコパですよ。たこ焼きパークの略称なのに「たこ焼きホームパーティ」をニオわせる明るい社交場の雰囲気。ど真ん中に「食べくらベゾーン」があり、電飾のタコなどサイバーな空間で、若者から年配者までがたこ焼きにまみれる光景は、未来都市オーサカの姿。「たこ焼きは大阪庶民文化のうんたらかんたら！」なんてお題目を唱えつつも、核たる6つの店は、どこも大阪中に複数店を出す正真正銘の名店だ。たこ焼き発祥と言われるラジオ焼きの玉出「会津屋」。でっかいタコに外フワ中トロ、東京どころか世界進出も果たした道頓堀の「くくる」。大阪アメ村の定番カジュアルたこ焼き、上戸彩も愛したという「甲賀流」。鶏ガラに野菜&果物をふんだんに使った生地はとろっとろ、阿倍野の庶民派「やまちゃん」。牛乳を入れたダシの生地に天かす、クリーミー&カリッとで〝一球一魂〟を体現する西中島南方の「十八番」。そして、オマール海老+20種類の食材から得たダシでフレンチ出身のオーナーが生み出す天六の革命的たこ焼き「玉屋」と、大阪中の個性派たこ焼きが揃った。……なんて書くと「あの店がないやん、ど素人が！」と言いたくなるタコ諸兄もいるだろう。

だが、ちょっと待て。ここのたこ焼きのバリエーションはすごいぞ。ラーメンやカレーじゃハーフサイズがあろうと重すぎてコンプリートできないフード巡礼も、たこ焼きならば可能。しかも6店舗にはソースやポン酢、ねぎに塩にペッパーと多種多様な味やらトッピングがあり、それらがハーフ、3種盛、4種盛、ざんまいと、複数の組み合わせで選べることから、全20種類以上のたこ焼きを食べることができるのだ。それでも尚「あの店がない」というなら、もうその店に行け。「タコを訪ねて新千里」。「灘区の海のタコ」……筆者の20年にわたるたこ焼き食べ歩き巡礼の日々が昇華される。艱難辛苦を乗り越え秘境で探していた真理が、町のファミレスで釈迦とキリストとたこ八郎がお茶していたような徒労感だ。ぐうの音も出ない。人生の効率化、コスパ抜群タコパ。素直に認めよう、バンザイバンザイたこ焼き万博バンザイ。

結局、ツレがUSJで遊んでいる間、一日中ビールとたこ焼きでタコみたいにグダグダしていた。大阪、たこ焼きの町。最高だ。またここでたこ焼きにまみれよう。

DATA

【TAKOPA】ユニヴァーサル・シティウォーク大阪4F。入場無料。生中600円、ハイボール500円。【大阪玉出会津屋】（大阪市西成区）大阪市内などに10店舗。【たこ家道頓堀くくる】（大阪市中央区）大阪市内を中心に関東、中部など55店舗。【玉屋】（大阪市北区）北区の本店とTAKOPAの2店。【大阪アメリカ村甲賀流】（大阪市中央区）大阪市内など11店舗。【あべのたこやきやまちゃん】（大阪市阿倍野区）大阪市内、池袋、お台場に10店舗。【十八番】（大阪市淀川区）大阪市内、お台場に5店舗。

35

天スタと彩華

【奈良県】

天理のラーメン戦争

ナントステキな平城京、こんでん?えーねんシザイホウでお馴染み奈良県。春日の青芝で鹿さんたちが優雅にお散歩している一方で、この地が日本の中心だった１３００年前の昔から藤原不比等や長屋王など派閥の権力闘争は絶えず止まず。令和の世となった今もなお、血で血を洗う……否、スープで白菜を煮る、二大勢力による闘争が行われているという。

〝彩華〟か〝天スタ〟か。

奈良が誇る「天理ラーメン」の二大巨頭である。奈良県民に決選投票を迫れば、大仏の導きのように天スタ派、彩華派が真っ二つに割れると専ら(もっぱ)の噂だが、一歩奈良の領域を出たら「どっちでもいいでしょ」が多数派を占めてしまう隠密の味。そう、天理ラーメンとは、鶏ガラや豚骨のスープに醤油ダレ。具材は大量の白菜に豚肉やニラ、ピリ辛でニンニクたっぷりスタミナぎっしり。元気もりもり、一度食べたらやめられない。でもしばらく食べないとそれはそれでなんとかやっていける。

その歴史は古く、昭和43年に奈良県の天理市で「彩華」が屋台を出したのがスタミナラーメンのはじまりと言われており、昭和55年には天スタこと「天理スタミナラーメン」が天理郵便局前に屋台を開業。その後、天スタが「スタミナラーメン」の特許を取得したことで、呼称が「天理ラーメン」に変わったりしながら、市民権を獲得。同系統の後続には「どうとんぼり神座(かむくら)」など有名店も出ているが、奈良ではやはりこの2店が、圧倒的人気だ。

パンチ強めの「彩華」と、あっさりめの「天スタ」。ただしその味の好み、パンチ力は、人によって感じ方が様々なようで。

「私は彩華派ですね。彩華は味がしっかりしている分、中毒性があって、食べたくて、食べたくて仕方のない夜というのがあるんです。そんな時に食べるニンニクたっぷりのラーメンは、次の日の予定も何も忘れさせてくれる魔力がありました」

なんて、惜しみない彩華愛を語ってくれるのは、神奈川国営放送tvkの元アナウンサー瀬村奈月さん。奈良県出身で高校時代は強豪・天理高校野球部のマネージャーを務めていたその青春は天理ラーメンと共にあったといっても過言ではない。

そういえば中毒性を表すエピソードとして、「かつて大昔、天理野球部の下級生は夜中の2時に自転車で天スタをパシられる」という噂を高校野球関係者から聞いたことがあるが、瀬村さん曰く「同級生らにも聞きましたが、そんな話は聞いたことがありません。というか翌朝のニンニクのニオイで百発百中バレますよ」とのこと。なるほど。確かにあのニオイはそう隠せるものじゃない。やはり都市伝説だったのか、あるいは天理青年はニンニクのニオイ消しの術に異様に長けているという可能性もある。

全国的な知名度はカップラーメンも出していて、かつて芸人のリットン調査団藤原光博氏が高田馬場と新大久保でFC店を出したり、バンコクなんて海外にも出店している天理スタミナラーメンの方に分がありそうだ。サイドメニューも春巻き、豚ねぎなど豊富で、「スパムむすび」とスタミナラーメンというのも、せんとくん級の超合体を想起させるではないか。

一方の彩華は大阪・京都・愛知まで15店舗ではあるが、屋台や田原本店では〝麺3玉〟の特盛りがあったり、地元民はマイ鍋を持参して麺とスープをテイクアウトしたりと、地域に深く根付いている印象だ。

一見似ているようだけど、まるで違う。どちらも甲乙つけがたし。誰も覚えていないかもしれないが、せんとくんとまんとくんぐらい、その好みは人による。

瀬村さんもまた奈良県人・天理市民・天理高校の生徒と接してきて、天スタ派と彩華派はちょうど半々という実感を長年持っていたというが、'18年の春にアナウンサーを辞めて奈良に帰ってきたので、インスタグラムで【奈良県民or奈良に住んだことある人】を対象にどっち派なのか独自にアンケートを取ってみたそうだ。そしてその結果、まったくの50%という数字が出て愕然としたらしい。これも、大仏の御心か、天理のみ親の導くところなのか。いや違う。細かいコメントに目をやると「今や彩華か天スタという二択ではない」との意見が目立ったという。

「たしかに、県外の人から見れば『天スタと彩華』が目立ちますが、実は奈良の富雄などは全国でも屈指のラーメン激戦区。さらに『どうとんぼり神座』の本社は奈良に、京都の名店『無鉄砲』も1998年奈良が発祥の地です。ほかにも鶏白湯の『麺屋NOROMA』や、世界一のこってり『まりお流』なんて有名店もあり、いまや奈良にはスタミナ系ラーメン以外にも、あっさり・こってり・クリーミー系まで様々なジャンルのラーメンの名店揃い。ちなみに私も学生時代に車を駆って奈良のラーメン巡りをして一日7杯食べたことがあります」

瀬村さん。ありがとうございました。かつて天理に生まれた二大巨頭から成長した奈良のラーメン文化は、現代に大きく様々な花を咲かせたのですね。でも、そんなことより元tvkの瀬村さんに「ラーメン激戦区・富雄」なんて言われると、そこに幻の「田代ラーメン」(ベイスターズの田代富雄コーチは以前ラーメン屋を経営していた)がありそうな気がしてくるのです。横浜DeNAベイスターズの三浦大輔監督も奈良でしたね。

DATA

【彩華ラーメン】株式会社彩華（奈良県天理市）。奈良、大阪、兵庫、京都、愛知に14店舗。サイカラーメン（大）912円。

【天理スタミナラーメン】有限会社なかい（奈良県天理市）。近畿地方ほか海外など23店舗。スタミナラーメン（大）1020円。

〈奈良県〉大仏・近鉄・法隆寺。1300年前の都だった都市部ではあちこちに文化遺産の仏像。南部の吉野はほぼ山林で神々しい土地。人口約130万人。［名物］柿の葉寿司、奈良漬、三輪素麺。［その他有名店］天極堂（吉野本葛）、たなか（柿の葉寿司）など。

36 グリーンコーナー【和歌山県】

――やわらかいほう

紀州和歌山。紀ノ国は木の国ともいわれ、県の4分の3が森林を占める大自然の宝庫。熊野古道に高野山に落合記念館と、霊験(れいげん)あらたかなスポットも多く修験者(しゅげんじゃ)が集う神秘の国でもある。梅にみかんに森林にと名産も山海の恵みを享受するこの地で代表的なソウルフードといえば和歌山ラーメンになるのだろう。'90年代にブームの火付け役となった「まっち棒」や「井出商店」などに代表されるコクのある豚骨醤油の独特なラーメン。お供には「早すし」というサバの押し寿司が定番で、食べた分だけ自己申告するという独自の文化を築き、ご当地ラーメンブームの代表格となった。

しかし、和歌山市には豚骨醤油などよりもっと身近なソウルラーメンがある。「てんかけラーメン」。和歌山市に本店を置くお茶の玉林園のスナックスポット「グリーンコーナー」で出しているソウルヌードルは、和歌山出身の友人が「和歌山市民が生まれてから死ぬまで一番食べる麺」と断言するだけあって、スープはあっさり鶏ガラ。和歌山ラーメンとは対極の上品なうどんスープのような優しい風味とチープなプラスチック丼というナメられがちな見た目ながら、「てんかすと紅ショウガ」のインパクトにガツンと意表を突かれる。なんだこれ。油と酸味。うまみと後引き。和歌山市出島にある本店のグリーンコーナーのマスコット、アヒルのグリンちゃんの巨大像ぐらいインパクトが強く、シンプルながらクセになる。幅広い年代の客層を長きにわたって虜にするというのもよくわかる。

そして、このグリーンコーナーのもうひとつの目玉が昭和33年、世界で最初に出したという説もある「抹茶ソフト」。年間200万食以上を売り上げるというお茶屋の真髄は2種類あって、「かたいほう」はコンビニや通販でも買えるが「やわらかいほう」は和歌山市内に5店ある「グリーンコーナー」でしか食べられない必食のひと巻き。あらゆる年代性差を超えて虜にするシブさと甘さのハーモニー。その他、明石焼きや、丼物、やきそばなども扱い、古き良きスーパーの軽食コーナーの様相でありながら、有り余る個性を隠し切れない和歌山のグリーンモンスター。君よ紀州の緑に染まれ

DATA　株式会社玉林園（和歌山県和歌山市）。和歌山市内に5店舗。てんかけラーメン390円、グリーンソフト200円、明石焼き500円。［名物］和歌山ラーメン、早すし。［その他有名店］弥一（回転寿司）、信濃路（そば）。

37

丸亀製麺

【兵庫県】

名将の味

とある甲子園の名将に密着取材をしたことがある。

その名を聞けば泣く子も黙る天下の名将。球史に燦然と輝く戦績だけでなく教育者としても多くの人から尊敬を集め、冗談ではなく、道端のおばあさんが手を合わせてしまう。そんな地元民が神のように崇める名将は、毎日早朝から深夜まで決まったルーティンを大切にする。一日の〆は銭湯で汗を流し、キレの良い讃岐うどんをつるりとやって終える。

「むちゃくちゃ美味いうどん屋があるんや」

名将は少年のように目を輝かせながら車を止めた。百戦錬磨の男が心を許したというその店は、一体どんなこだわりの店なのだろう。好奇心を抑えながら看板を仰ぎ見ると、そこにはドでかい文字で〝丸亀製麺〟とあった。ひっくり返った。

「東京には美味いうどんはないやろ」。名将はそう言って豪快にぶっかけうどんをすする。お供はおにぎりとちくわの天ぷらのフルコース。ご満悦だ。

いや、それが東京にもあるんですよ。それどころか全国に1000店舗以上を展開する47都道府県完全制覇した初のうどんチェーンでして、海外もハワイのビーチからシベリアの凍土まで、なんなら甲子園球場前のららぽーとや東京ドームにもございます……なんてご注進をできるわけもなく「やはりうどんは香川。丸亀最高ですね」なんてシコシコ相槌を打っていたのだ。だが、ここでも筆者はミスを重ねていたことに後年気づくことになる。

そう。丸亀製麺は丸亀ではない。生まれは加古川市だ。さすが名将。甲子園と同じ兵庫のニオイをかぎ分けていたのか知らないが、同店が丸亀の名をつけたのは、創業者が丸亀の製麺所で出来立てのうどんを食べさせる姿に影響を受けたとか、創業者の父上が丸亀の隣の坂出出身で、身近だった讃岐うどんの文化を——なんて思いがあったともいわれている。

そうして20世紀の最後に誕生した丸亀製麺はその後、第4次讃岐うどんブームの追い風にも乗って圧倒的なスピードで全国展開を果たしていくのだが、一方で熱烈な讃岐うどんファン、つまり、うちの妻のような東京に出てきて以来、どんな拷問を受けても東のうどんをひと口も食べようとしない四国出身・讃岐うどん原理主義者らは、丸亀製麺を毛嫌いする傾向があるのか、その思想性の違いからちょくちょく炎上騒ぎも散見される。

確かに本場香川の職人仕事を地道にされているうどん店に対し、巨大資本が〝丸亀〟〝讃岐うどん〟の看板を借りて商売すんなっちゅう思いはわからんでもない。

ただ注目したいのは、讃岐うどんの本丸・香川県に丸亀製麺の出店は1店舗のみで丸亀市には1店舗たりとも存在していないことだ。これには「本場ではやっていけない」説やら「香川をリスペクトする丸亀製麺が地元うどん店と競合しないよう出店しない」説などが囁かれているが、丸亀市に対し創業者が広告を出したり、災害時には寄付をするなど気を遣っているのは確かなようで、丸亀市からも創業者が文化観光大使に任命されるなど、その関係性は決して悪いわけではないようだ。

ただ、日本人の大半である讃岐うどんが身近じゃない人々にとって、丸亀製麺は入口としてわかりやすく、十分すぎるほど美味いのである。コシ、歯応え、のどごし、ダシの深み。丸亀製麺は〝讃岐うどん〟が誇るクオリティの高さとシステムのよい箇所を活かし、加えてかゆいところに手が届くサービスと値段の安さで、うどんチェーンのナンバーワンに上り詰めた。奇抜なことはせず、国産100％の小麦粉のようにちゃんとした素材で、しっかり手間をかけて作る。完成品にバラつきがあってもセントラルキッチンは使わず、約5軒に一人の割合で厳しい試験に合格した〝麺職人〟がいたり、〝麺匠〟という火の鳥みたいに希少な打ち手も存在したりと、チェーン店なのに不確定要素を持つ面白みもある。

そして、セルフで並びながら中を見渡せるオープンキッチン。積み重ねられた小麦粉の袋と製麺機。釜から立ちのぼる湯気のなか、麺打ちから、茹で上げまでが可視化された空間は、さながら讃岐うどんのリアルショー。讃岐うどんブームも第4次だ5次だと言われ、日本の食文化に定着したが、国民の〝讃岐うどん〟への理解度は、丸亀製麺の登場によって格段に高まったといえるだろう。

そしてつい先日のことだ。20年を迎えた加古川の創業店がリニューアルしたというので訪れてみると、そこには驚くべき数の聖地巡礼者が溢れ返っていた。

店の入口には「丸亀製麺　創業店」の看板。店内には丸亀製麺20年、1000店達成までの道のりが壁画として描かれている。行列のなか、リニューアル記念ステッカー付のきつねうどんを食べたら、それはやっぱり特別な味がした。そして思い出したのは、密着取材の中で名将が球児たちに対して言っていたこの言葉だった。

「生まれた場所がどこだろうと、ここで育てばここの子だ。一生懸命やっていれば周りは応援してくれる」

丸亀製麺は丸亀製麺。加古川が生んだ日本一の讃岐うどんチェーン。それでいいのではないか。

DATA

株式会社丸亀製麺（東京都渋谷区）。全国で1000店舗以上、海外でも203店舗を展開。釜揚げうどん（並）340円、ぶっかけうどん（並）390円、いなり130円、かしわ天180円、ちくわ天140円。

〈兵庫県〉神戸西宮姫路尼崎。山は六甲、海は日本海から瀬戸内海。温泉は有馬から城崎。夏は甲子園、冬はスキーもできる万能県。人口約538万人。［名物］神戸牛、そばめし、明石焼き、丹波黒豆、甲子園カレー。［その他有名店］吉祥吉（神戸牛）、吉兵衛（かつ丼）、長田本庄軒（そばめし）、喃風（どろ焼）など。

38

倉敷うどん ぶっかけふるいち 【岡山県】

──ぶっかけの「ぶ」

岡山はうどん県であるのです。個人的に。若かりし頃『GON!』というサブカル雑誌を愛読していた狂おしい時期がありまして、同誌のスター編集者、岡山出身の島田うどん氏はまさに憧れの存在でした。そして今から10年ほど前、友人の勅使川原さんを通じて初めて会えたうどんさんは、岡山城のほとりでうどん屋をやっていて、お堀沿いの東屋で近鉄バファローズのお話をさせていただいた。あの竜宮城みたいな幻想的な光景は今でも夢に見てしまう大事な思い出フォトグラフ。

だけど、そのとき食べたはずのうどんだけが思い出せない。なぜなら岡山のうどんはいつだって岡山駅新幹線上りホームで食べる〝まるぶ〟のうどんこと、ふるいちで再生されてしまうからだ。まるぶの「ぶ」はぶっかけの「ぶ」。うずらにしょうがに天かす、海苔と桃太郎ねぎに、もちもちうどんを濃い目の甘いたれにからめて食す。シンプルでありながらインパクト大。ぶっかけうどん発祥を謳うまるぶの本拠地は倉敷である。

ふるいちの創業者は麻雀が大好きで、麻雀をしながらざるうどんを食べるのが常だった。息子にざるうどんを作ってくれと頼むと、子供なりに麻雀をしやすいようにと配慮して、丼にうどんを入れ、その上にたれと具を掛けて出した。これが存外に美味しく、翌日から店に出したのがふるいちのぶっかけうどんのはじまりだそうな。今では倉敷のソウルフードと呼ばれるまでに成長し、年間２００万食が出るという。ぶっかけ以外に汁うどんも釜たまもあるが、残念ながら食べたことはまだない。ぶっかけが美味すぎて、この一回を無駄にすることすら惜しいのだ。海老天やあげ、肉などトッピング〝全部乗せ〟みたいなぶっかけスペシャルも破壊力満点でとても豪華であるのだが、個人的には定番のぶっかけうどんのバランスが黄金比に思えてしまう。ただ、氷の中にあんこが隠れているかき氷だけは別腹だ。倉敷で食べたアレはまた別の美しさがある。

人生も50年近くとなり様々な美食を味わってきた。桃太郎にきびだんごを貰ってもついていかないが、まるぶがあると聞いたらふらふらと付いていく自信がある。

DATA　株式会社ふるいち（岡山県倉敷市）。岡山県内に12店舗、大阪に１店舗。ぶっかけうどん５９０円、温ぶっかけスペシャル１０５０円。［名物］バラ寿司、カキオコ、えびめし。［その他有名店］およべ（うどん）、海都（回転寿司）。

39

カープ鳥

【広島県】

空を泳げと天もまた胸を開く

広島には大好きな人がたくさんいるので、自然と好きな土地になった。子どもの頃にはじめてみた試合が横浜スタジアムの広島×横浜大洋だったこともあるのか、特にカープファンとはウマが合うようで、彼らとは一晩中野球の話を聞いていてもまったく苦にならない。とにかく話が尽きないのだ。学校でも会社でも冠婚葬祭でも、人が顔を合わせれば昨日のカープの話がはじまり、お坊さんの説法ですら「そもそも山本コージとは……」なんてはじまってしまうお土地柄である。

その場所が有名なお好み焼き店だろうと、バッケンモーツアルトだろうと、時間を忘れていつまでも野球話が尽きることはない。いつだったか、広島駅前にある〝チェーン店の死亡遊戯〟こと7階建てモンテローザビルで、店を替えながら日がな一日居たこともある。魚民、串カツ黒田、すしざむらい……あれはチェーン店好きなら一度は経験しておくべきだと思う。

ただでさえ長時間滞在するのに、それが野球に関係する店ならば、もう楽しくて楽しくて、帰り時なんて朝が来たってわからない。広島は野球どころだけあって、市内には優良なスポーツバーや野球関係のお店がごまんとある。その中でも格別おかしな空気を放っているのが「カープ鳥」である。かつては野球鳥とも名乗っていた野球好きには全国的知名度を誇る広島の顔。カープが25年ぶりの優勝を果たした２０１６年の優勝時は、振る舞い酒どころか焼き鳥まで無償で振るまったカープ愛が実体化したような店である。

カープV3達成の昭和55年11月に創業し、現在広島市内を中心に15店舗ほどを構えるこの焼き鳥店。店内にはお宝グッズが並ぶだけでなく、FC店の「カープ鳥おさない」と「カープ鳥きのした」は、元カープ選手だった長内孝さんとヒゲの木下こと木下富雄さんが実際に店にいて生き仏様さながら接客をしているではないか。

なぜこの店がこんなにも有名になったかといえば、カープの選手が串の名前になっているからであろう。2022年度版で例えるならこうだ。野間峻祥が「せせり」、九里亜蓮が「笹身チーズ」、野村祐輔は「スペアリブ」とこんな調子で、約40人ほどの〝メンバー〟が顔を揃える。

そうか。玉村がこんにゃくで松山はシイタケなのか……って、まるで意味がわからない。いや違う。ここで考えることを放棄してはならない。意味はあるのだ。たとえば監督はチームの「心臓」であるし、石原慶幸の「アスパラ」にしたって、串に刺さったあの感じは、キャッチャーのプロテクターっぽいじゃないか。「オオノ」（ナス）は往年の名サウスポー・大野豊だろうか。ナイスピッチングで「ナス」という説も聞いたことがあるが、大野練習場でナスビのように日焼けした「二軍選手」だという説も聞いたことがある。

そう。おそるべきことに、この焼き鳥メニューは、毎年シーズン開幕前に各店長たちが集まり、プレースタイルやその年のキャンプを参考にどの串にどの選手の名前をつけるのかを決めているそうだ。なんという焼き鳥ドラフト会議。真剣そのものである。お客は熟練のカープファンだらけなのだ。こんなものテキトーにつけられるものではない。うわべだけじゃない滋味深くも芯の通った〝その串である理由〟が必要なのだ。焼き鳥なだけに。

たとえば焼き鳥界のエースともいえる「鶏皮」は、かつては精密機械こと北別府学投手が担い、前田健太に引き継がれた由緒正しき品。２０２２年は大瀬良大地投手が担っていると代々踏襲されてきているメニューもある。

ゆえに広島のメディアでは「今年のカープ鳥のメニュー」がニュースとして成立する。２０２２年最大のトピックといえば、ＭＬＢに移籍した主砲・鈴木誠也が昨年まで担っていた「三枚肉しそ巻」（一番人気）が誰になるかであったが、ここにまさかのルーキー末包昇大が大抜擢。そのほかにもチームの若返りを期待して新人５人が異例の一軍メニュー入りを果たしている。さらに6月に米国から帰国し途中入団した秋山翔吾は彼が西武時代に似ていると言われていたウナギイヌにあやかって「うなぎ串」に決定した……なんてニュースが大真面目に報道されている広島、やはり好きでしかない。

ドリンクは球種だ。スライダーが生ビール。ストレートがウイスキーでシンカーはチューハイ。フォークが焼酎、カットボールはハイボールだ。

こういう野球ネタを肴に友人と賑やかにやるのもいいが、筆者は試合後にひとりカープ鳥でその日の焼き鳥オーダーを組むのが秘かな楽しみだ。今日のスタメンは誰にしようか。1番センター野間（せせり）、2番セカンド羽月（ぼんじり）で、塁上を賑わせ、3番レフト西川龍馬（鶏肝）で確かな手ごたえ。4番センター（山本）コージ（つくね）のミスターな一発に、5番ファースト長内（ねぎま）に勝負所を託したい。6番サード坂倉（エノキベーコン巻）、7番ショート小園（う玉肉巻）が巻物でつないで、8番會澤（砂肝）、9番大瀬良（鶏皮）で完璧に〆る。いや、初回から猛攻したいときは、1番堂林（軟骨唐揚げ）、2番菊池（牛バラ）あたりを入れてみたい。横浜が大瀬良のスライダーに手も足も出ずに負けた夜は憂さ晴らしにハイボールと鶏皮だけなんてこともやったものさ。

2023年は、新監督ならぬ新ハツが新井貴浩となるわけだ。入団した当時は「いろいろと詰め込んで欲しい」との願いを込めてピーマンの肉詰めだったのに。立派になったものだ。歴史と思いを感じつつじっくりと味わいたい。

DATA

有限会社野球鳥（広島県広島市）。広島市内に13店舗、ホノルルに1店舗。秋山翔吾（三枚肉シソ巻）210円、新井監督（心臓）190円、長内孝（ねぎま）160円、大瀬良大地（鶏皮）90円、ヒゲの木下（合鴨）260円。

〈広島県〉中国地方最大の都市。瀬戸内の穏やかな気候に恵まれ、土地も人も海もいい。人口約275万人。［名物］お好み焼き、あなごめし、牡蠣、もみじ饅頭、尾道ラーメン。［その他有名店］むすびむさし（おにぎり）、ばくだん屋（つけ麺）、すし辰（回転寿司）、バッケンモーツアルト（洋菓子）など。

40

すなば珈琲

【鳥取県】

砂場の惑星

鳥取なのか島根なのか。日本海側のあのへんを、他地域で育った子供が判別することは、容易ではない。ヒラメとカレイは「左ヒラメに右カレイ」なんて言葉がある分、魚の方がましだ。筆者などは正直、砂漠一択。鳥取砂丘があるかないか、だった。砂まじりの茅ヶ崎ではなく、砂まみれの鳥取。人口最下位。人がいない。市の数4つ。土地も狭い。島根も神様としじみしかいない。

なんて、おそらく日本で最も地方いじりの標的にされてきたであろう鳥取・島根。実際の山陰は魚がとっても美味しいし、空気は美味しいし、人もいなくて自然とソーシャルディスタンスだし、たまに会えた人はやさしいし、夜のお店もあんまりないからぐっすり眠れるし……と口を開くたびに徐々に悪口に寄っていってしまう魔法にでもかけられているのか。飛行機で降り立った瞬間、『鳥取砂丘コナン空港』と聞こえてくれば、なんか意地の悪い感情がうずうずと蠢いてくる。そんな陰の感情に負けず、2000年代ごろになると『秘密結社 鷹の爪』の登場など、この地域の人たちからの「ならば笑い飛ばしてしまえ」という開き直りともいえる〝自虐〟がある種の名物となった。

チェーン店事情としても、鳥取・島根は「松屋」も「ロッテリア」も、「ロイヤルホスト」も「やよい軒」も進出しておらず、大型チェーン店が全国制覇の最後にコマを進めるというラストプレイス。鳥取県内に4店舗出店、代表的なローカルチェーンの回転寿司が、地元で獲れた新鮮な魚と米で大人気なのに「北海道」という店名を名乗るなんて、もうわざとやっているとしか思えない。

そんな奥ゆかしくもおもろおかしい山陰自虐の決定打となったのは、やはりあの事件だろう。2012年秋。鳥取県の平井伸治県知事による「鳥取にはスタバはないけど日本一の砂場ならある」発言。当時、イケてる町の指標みたいに言われていた「スターバックスコーヒー」が日本で最後まで出店のなかった鳥取は、この首長による自爆覚悟のダジャレで新たな地平を見ることとなる。

2014年4月4日。鳥取駅前と国府町に、革命的珈琲店が同時に誕生する。スタバではない「すなば珈琲」。この瞬間「王様は裸じゃないか」と指をさされた気分になった自治体関係者は多いと聞く。合言葉は「目指せ、シアトル!」。世界中で人気のシアトルコーヒーが来てくれないのであれば、こっちから行ってやろうかホトトギス。世界企業の大樹に寄らず自らの足で立つと。自虐の裏側に見える地元への誇り。むちゃくちゃカッコいいではないか。

オープン当日は平井知事が駆けつけ、珈琲を飲んで「すなバーっと香りが広がります」なんてトドメをぶちかますと、この発言が全国ニュースで拡散。ヤフートップにも載り、あっという間に全国レベルの知名度を得ると、「すなば珈琲」の前には行列ができるようになった。

人がいない。存在感がない。スタバもない。と言われ続けた鳥取で起きたピンチをチャンスに変える逆転の発想が生んだ奇跡。翌年にはついに「スターバックス」も重い腰を上げ、商業施設「シャミネ鳥取」への出店を英断する。時は来た。ここぞとばかりに「すなば珈琲」は「黒船襲来だ！」と煽りに煽って「3回に1回ぐらいはぜひ当店をご利用ください」と大ピンチキャンペーンを繰り広げると、鳥取では「スタバ」「すなば」共に人気店となりましたとさ。

昔話のようなハッピーエンド。しかしこの話はこれで終わらない。

「すなば珈琲」はその後も客足が途絶えず、完全に鳥取を代表する人気店となった。なぜなら、話題作りの一発屋では終わらない本物を提供しているからだ。その特徴は3つ。①「うまい珈琲」。研究と選定を重ねたこだわりの豆を丁寧に挽いて、時間と手間を掛けて淹れるサイフォンの珈琲。②「地元食材を使ったご当地フードメニュー」。マグロカツサンド、もさ海老ホットサンド、岩がきカレーなどが特に人気。③「気取らない店づくり」。カフェだけど、若者に限定せず、子供から年寄りまで安らげる気取らなさは、モーニングに「おにぎりセット」や「おかゆセット」を入れるなどスタバには絶対にできない戦略が広い年齢層に受け入れられた。

そうして県内には10店舗以上の「すなば」が展開され、県の「観光地認知度調査」では「砂丘」、「水木しげるロード」、「大山（だいせん）」に次ぐ4位に入るという快挙を成し遂げている。

さらには「鳥取珈琲文化振興会」を設立し、鳥取を珈琲の聖地にと働き掛けると、2016年に鳥取市は一般家庭における「珈琲豆の購入金額」日本一になってしまう。その勢いで9月には鳥取で世界コーヒーサミットが開催。初日には国の指定重要文化財である鳥取藩主池田氏の別邸「仁風閣」にて、UCC上島珈琲の上島達司会長、ドトールコーヒーの青木幸隆取締役にジャマイカ大使なんて珈琲界のお歴々から、あの平井知事とすなば珈琲の村上代表らが列席し「人口は最少の県だが、すてきなコーヒー文化を持つ鳥取を聖地と定める」とする共同宣言書に署名した。

ウソのような大成功である。それもこれも話題作りで終わらず、珈琲も食事も本物を追い求めた結果であろう。シャレではじまった「すなば」も、今ではすなばをマネした類似品の出現に注意喚起を促すという噺家垂涎の事態となっているのも面白いが、一方で「すなば珈琲」が山奥に住む独居老人を招いて珈琲やカレーをふるまい、安否確認と情報交換の場にも活用。山陰地方が抱える過疎・高齢の問題を粋な自虐で昇華させ、町を活性化させている功績は計り知れない。

こりゃ、隣の島根もうかうかとしていられない。松本清張の『砂の器』に出てきた亀嵩（かめだけ）（仁多郡奥出雲町）にあやかってコメダに訴えられていた「カメダ珈琲」を呼んでみてはどうだろうか。

DATA

有限会社三晃（鳥取県鳥取市）。鳥取県内に11店舗、岩手に1店舗がある。すなば珈琲スペシャルブレンドL486円、キャラメルウインナー珈琲540円、すなばパンケーキ756円、もさ海老カレー756円。

〈鳥取県〉砂と梨の国。日本海の海の幸と空気が美味しい。市の数は4つ、人口も日本一少ない約54万人でも空港は「鳥取砂丘コナン」、「米子鬼太郎」と2つ持つ。［名物］大山鶏、カニ汁、らっきょう、とうふちくわ、梨。［その他有名店］北海道（回転寿司）、ちよ志（うどん）、大平門（焼肉）など。

41 炉端かば【島根県】

——シマネ倶楽部

そんな山陰の左。島根。島国日本のまさに根っこ。神様がうまれて、しじみが育つ。青い空、美しい海。銀が出て、どじょうをすくう。何もないようですべてが揃う、シマネの天地。そんな島根県人の定番居酒屋「炉端かば」。〝山陰をこよなく愛する店〟という冠の通り日本海の新鮮な魚をはじめ山陰の名物料理がすべて揃うんじゃないかのサンイン・オールスターズ。地元民は左右に鼻の孔をおっぴろげながら「迷ったらかばへ行け」という。なるほど、メニューを見れば『るるぶ』そっくり。シャレと頓智(とんち)が利いている。どじょうすくいの安来の駅前からはじまった「かば」は、島根・鳥取において深夜営業をいちはやく開拓したことで人気となった。それでいながらむちゃくちゃレベルが高い。毎朝境港などで獲れた新鮮な魚介類の直送。刺身の「桶盛り」はでっかい桶に、カバの刺身じゃないかと勘違いできる超厚切り。肉厚でうまみしかない日本海の魚を「しじみ醬油」など地元の個性が強い3種類の醬油でいただける。大山(だいせん)鶏のもも焼き、浜田名物赤天、あご天。白いかにアジフライ、ホルモン焼きそば、出雲そば。酒は純米月山から大東茶割りに白バラコーヒー。そして白眉はドンブリの海苔の海の中に揚げ餅が転がる名物「海苔もち」。セルフで作る「たこ壺わさび」。どっちもやたらデカくて本能に訴えてくる。そう。「カバはヤバい」は、山陰とアフリカの地元民の共通認識である。

２０００年以降には境港と米子空港が近い利点を生かした産地直送で、東京にも進出してきており、関東に山陰料理の認知度を広げるのに大きく貢献したともいえるだろう。

さらに同グループが鳥取島根で「東京田園調布　うなぎ　圓」をやっていることに圧倒的な興味を惹かれる。浜松でも鹿児島でも宍道湖でもない〝田園調布〟の関東風うなぎ。謳（うた）い文句は「長嶋茂雄氏も通った秘伝のタレが決め手の鰻店」。なんでしょう。いわゆるひとつのサカナの逆進出ですね。

DATA　かばはうすホールディングス株式会社（島根県安来市）。島根県を中心に鳥取・東京などに18店舗。かば桶盛り３人前３４８０円。海老たま７８０円、海苔もち６８０円、ピリ辛赤天４５０円、出雲生姜ジンジャーサワー４８４円。［名物］出雲そば、松江おでん、バラパン、しじみ。［その他有名店］たまき（そば・うどん）、服部珈琲工房（喫茶店）。

42 うどんのどんどん【山口県】

――神速を尊ぶ

山口のうどん。どんどん。うどんとどんぶり。どんなうどん。うるめ節と昆布などのほのかに甘く力強い特徴的なスープに、柔らかな食感の中にもコシがある独特のうどん。甘めのつゆに牛肉の旨味が鮮やかに映えて。圧倒的に、しみる。山口県が北九州と共に肉うどんの人気が最も高い地域であることも、このどんどんの影響があるのだろう。１９７１年に萩は松下村塾（しょうかそんじゅく）の近くで「うどんの店」という名ではじまり、その後、下関、山口と県内各所へと拡大。あっという間に山口県民の心を捕らえたというのもよくわかる。

「レジで注文して、席に着こうかという頃にはすでに店員さんがうどんを持って後ろに立っている。まるで忍者のような身のこなしです」と、元山口朝日放送の市川いずみアナウンサーが尊敬の眼差（まなざ）しで教えてくれたことがある。確かに早い。どんどんのうどんは釜揚げで15分茹でなければならないはずなのだが。これを素早く提供するには過去データや客の流れを見極めて、その時間帯に入るであろう注文数を想定して茹でているそうだ。まさに忍者。まさにＩＤうどん。

うどんを頼めば山盛りのネギが入ったすり鉢がついてくる。入れ放題。おにぎりは萩の名物井上商店しそわかめが最高。「わかめむすびの素」としておみやげで販売も。モーニング肉うどんセット、おむすび1個付きで480円。学割もある。しかし、この店のツウは「たなかうどん」を頼むという。山田ではない、田中とは何だ。それは創業時の伝説的店員である田中さんが「一番美味しい」と惚れ込んだ「肉わかめうどん」なのだとか。肉の旨味とわかめの深い味わいが関門海峡の波のうねりの如く入り乱れる。ああ、甘いスープの下にも都のさぶらふぞ。と、思わず飲み干してしまうのです。ちなみになぜか東京箱崎のシティエアターミナルに1軒だけ出店している。どんどんは手作りゆえに店ごとの違いを楽しめる。全店制覇の遍路(へんろ)旅に出た人は、みな最後に東京へとシブシブ向かうのだとか。

DATA　株式会社スナダフーヅ（山口県萩市）。山口県内を中心に島根、広島、岡山、東京に35店舗。肉うどん530円、たなかうどん580円、うどん定食680円、えびかきあげ丼セット830円。［名物］ふぐ、瓦ソバ、ういろう。［その他有名店］桃太郎（うどん）、一久ラーメン（ラーメン）、いろり山賊（山賊料理）。

43

「さぬきや」の謎を追え

【香川県】

うどんやの系譜

「さぬきや」。それはうどん屋だ。

相模屋、近江屋、美作屋……すべて旧国名をあらわす屋号であるが、それだけでは何を生業（なりわい）としている店なのかわからない。だがどうだろう。「さぬきや」と聞けば、我々の早押しウルトラハットは秒で反応し「うどん屋」と答える。日本において地名と名物が直結する組み合わせなど「さぬきやのうどん」と「越後屋の悪企み」ぐらいのものではないか。

我々は香川に行けば、うどんを食べる。絶対的に美味いという確信を持っているからだ。この揺るがぬ信頼感であり「香川県」＝「うどん」という図式が一般常識として成り立つ背景には、日本一狭い県でありながらうどん生産量日本一である超うどん屋密集地帯の地域性だけでなく「うどんと心中するならやむなし」という覚悟が香川全体からにおいたつからだろう。同じうどん処でも大阪や福岡には、他にも名物はたくさんある。だが、香川はうどん一点突破。忘れもしない2011年の秋に起きた源平合戦以来の歴史的大事件。県の観光協会が「うどん県に改名しました」と唐突に発表したときは、全日本国民がひっくり返ったものだ。

日本一狭い県でも、うどんのことに対しては、媚びない、引かない、代用しない。関東のうどんを評す時でも「あんな真っ黒なうどん食えへんわ！」と罵り倒す大阪人に対し、讃岐人は真顔で「食べたことがない」の一言で終わりだ。そこに議論の余地はなく「坂出のコンビナートすごいよね」なんてご機嫌を取ったりするはめになる。

その誇り高き姿勢は、母乳の次に口にするのがうどんである讃岐人の生まれながらに備わった考えか。

高松出身のカメラマン・せんださんは言う。

「もともと、香川は土地が細くて米が育たなかった。だから代用として小麦が発達し、瀬戸内海の海産物と合わせて、うどん文化が生まれた。讃岐人にとってうどんは一日1食食べるおやつみたいなもの。でも、香川を出てからは一切食べなくなったね」

せんだ氏はこの5年後に故郷の高松へと戻り、今では何事もなかったかのようにうどん生活を再開させているという。やはり香川である。うどんバスが走り、うどんツアーが日常化し、うどんの廃水で環境汚染が懸念されたり、県立高等技術学校丸亀校には「さぬきうどん科」がある。まさに、うどん大国さぬき。今日も観音寺市の「讃岐うどん神社」には香川のうどん文化の発展を祈願する人らが柏手を打つ。

だが、意外な事実が発覚した。せんださん曰く「香川県内で『さぬきや』という店を見た記憶がない」というのだ。なるほど、調べた限りでは香川県内に現存する「さぬきや」は3~4軒。これに対し、南関東で「さぬきや」を調べると、これが実に30軒以上。そのほとんどが東京に集中している。なんだこれは。「さぬきや」は他県では一切うどんを拒否する讃岐人へ「ここのうどんなら大丈夫だよ」という暗号なのか。

ものの資料によると「東京のさぬきうどんの元祖は昭和38年に銀座にオープンした「讃岐茶屋」だというが、東京の「さぬきや」のルーツを追っていくと、2通りのルートが浮かび上がる。

ひとつは戦後間もなくの東京は新橋。闇市の名残がある新橋駅前のバラックに「さぬきや本舗」を出店した大野光寿さん。彼こそが東京にはじめて「さぬきや」を登場させた人という説だ。この「新橋系さぬきや」は、その後門弟を増やし、修業を積んだ弟子たちも、中野や新宿、太田、勝田などに散らばり広がって行った。

〝古式手打ちうどん〟と銘打ち、新橋のサラリーマンの胃袋を満たした「さぬきや本舗」は、本場の伝統を引き継いださぬきうどんだけでなく、関東人の舌にあわせ味噌ベースで作った「味噌けんちんうどん」を定番にするなど、2014年に閉店するまで名店として愛され続けた。

もうひとつのルーツも、同時期の東京だ。のちに「さぬきや」最大派閥を築くことになる「代田橋系さぬきや」の始祖・谷本正義さんは、シベリア抑留から帰還した後、製麺工場を営む兄のもとで修業を積むと、昭和30年ごろ明大前に「さぬきや」を開店。当時はまだ珍しかったさぬきうどんは大衆の間でたちまち評判となり、下高井戸、代田橋と移転しながら店を拡大。支店も大山、柳窪などに増やしていった。

この谷本さんの成功が、東京のさぬきや事情に大きな影響を及ぼす。谷本さんの親戚や戦友、隣家の住人など彼の周囲にいた人たちが、次々と「さぬきや」の名を借り商売を始めたのだ。その勢いは凄まじく、最盛期では東京だけで40店舗以上の「さぬきや」が林立したとか。

しかし、作り方もよくわからない素人ばかり。最初はひとつの製麺所でうどんを大量に作り、トラックで各店に運ぶ今でいうセントラルキッチン方式を取っていたが、やがて店の数が増え過ぎてしまい生産ラインがパンク。「それぞれ勝手にやってくれ」と、各店に完全独立を促し、ついに「さぬきや」の結束していた束が関東中にちらばっていったという。

どうやら「さぬきや」の屋号は、讃岐人への暗号でも、瀬戸内海よりも深いうどん愛でもない。遥か四国の地から上京しても、なかなか職に就くことが困難だった時代。食べるための手段として、身近だったさぬきうどんを職業として選択し、それが広まっていったのが現実のようだ。

聞いたことがある。今でも讃岐のサラリーマンは「いつか喫茶店でもやりたいな」とこぼすように「会社辞めてうどん屋をやる」と一度は口にするという。そういえば『マネーの虎』で「謙虚になれよ！」と一喝されたあの37歳牛丼屋アルバイトの彼も讃岐の出身者。讃岐人にとって「うどん」は、食べ物という枠を超えて人生を伴走する友のような存在であるのだろう。

一方で、東京とはまったく別ルート、関西で広まったチェーン系の「さぬきや」がある。「本家さぬきや」は大阪のロードサイドからはじまり、その後スーパー銭湯の飲食部門として発展。関西ではすでに50店舗以上が展開され、その後、東北・関東・中部にも上陸を果たした。「はなまるうどん」「丸亀製麺」以来のサード・うどん・インパクトを引き起こすのか。

ただこのさぬきや。ラーメン、カレー、丼もの、とんかつ。和食につまみに、デザートまで。手ごろな値段で豊富なメニュー。だが……さぬきうどんが、ない。うどんはあった。名物と謳う「幸せの幺うどん」。製造特許取得で食物繊維が7g。食後の血糖値をセーブする。これがさぬきうどんなのか。おそるおそる確認してみたところ「さぬきや」は名前だけで、さぬきうどんはないとのこと。新たなパターン！

遠く讃岐の国を離れ、さぬきやは今日までに様々な形で発展していった。最後に凄まじく進化を遂げた新時代の「さぬきや」3店でこの項を〆よう。

ひとつは昭和39年創業の高円寺。初代が拓いた讃岐うどんを母の背中で茹で立てのうどんを食べて育った2代目が継承。素材、料理法、提供法、さらに日本酒の品揃えに至るまで磨き上げ「うどん懐石」という革新的な進化を果たす。いまやミシュランガイドにも載るさぬきやだ。

続いて学芸大学の路地裏にある「さぬきや」も、一品料理とお酒、うどんのバリエーション豊か。手打ちのうどんは、角のしっかりあるトラディショナルうどん。四季折々の旬な素材を取り入れたアレンジで独創的な世界を作り出している。

最後は学芸大の師匠にあたる茅ヶ崎「旬菜・さぬきや」。もとは学芸大で名店の誉れを受けていた先代・和田敏男さんが「地の素材を使いたい」と湘南の地に移転。ひとつひとつの素材の素晴らしさと、職人の誠意。何度うまいと唸らされたか。

「美味しいさぬきうどんを出すことはプロとしての最低限。そこに今の世の中が何を求めているかを考えるのですが、どんな時代でも、手打ちに込める気持ちだけは変わりません。それがのれんを守るということじゃないでしょうか」

ちなみに「旬菜さぬきや」は筆者の実家のすぐ近く。娘さんは高校のクラスメートなのだが、なんで茅ヶ崎にこんなに美味しいさぬきうどんがあるのかと長年不思議に感じていた。ちなみに実家の最寄り駅は相模線の「香川」という。関係ないけど。

DATA

【本家さぬきや】株式会社フラット・フィールド・オペレーションズ（大阪府泉大津市）。近畿地方の温浴施設を中心に16店舗。

【高円寺さぬきや】（東京都杉並区）。かけうどん858円、その壱（全6品）4797円、その弐（8品）6493円、その参（10品）8888円。

【学芸大学さぬきや】（東京都目黒区）。釜揚うどん750円、釜出し肉みそうどん900円、天釜うどん1400円、さぬき膳1600円。

【旬菜・さぬきや】（神奈川県茅ヶ崎市）。せいろ650円、釜揚700円、スパイシーカレーうどん950円、天ぷら1200円、天せいろ1550円。

44

一鶴

【香川県】

親かヒナか

激動だった酉年。この年の暮れも日本全国、クリスマスにお正月にとフライドチキンやら七面鳥やらに染まり、日本人は、ケンタッキーのバケツを求めて行列を作るのだろう。干支だからというわけではないだろうが、この酉年はやけに「トリ」が目に付いた。飲食業界では『鳥貴族』を筆頭に『三代目鳥メロ』、『やきとりセンター』なんてのが大流行し、ぐるなび総研が先日発表した「今年の一皿®」は〝鶏むね肉料理〟に決まったそうだ。随分、大雑把だが。

トリはヘルシーかつ滋養たっぷりたんぱく源。その人気は年々高まっているようだが、そんな話を耳にするたびに、ブームとは無縁のあの町のトリを思い出す。

〝骨付鳥の国〟。その町は自ら〝骨付鳥市〟と呼称する。どこだそれ。うどん県だ。ああ……あの。と、気後れしてしまいがちになる四国の玄関うどん県。岡山から瀬戸大橋を渡ってすぐ。全国展開する有名うどんチェーンの名を冠する土地でありながら、骨付鳥市を名乗るチキンシティ、丸亀。サークルタートルボーンチキン。

2011年、世間を騒がせた「うどん県」改称問題。どさくさにまぎれ、丸亀市も同地に拠点を置く日本骨付党なる（過激派町おこし？）団体が市名変更を企てたそうだ。今やJR高松駅や高松空港などには、うどんと並んで骨付鳥のみやげが並ぶほど、名物として認知されてはきたが、日本中がひっくり返った「うどん県」ほどの認知には至らず。郵便番号なしでは手紙も届かない程度だとか（毎度毎度このテの指標にされる郵便屋さんも大変だ）。

丸亀の名物となり「骨付鳥の町」と呼ばれるようになったのも、とある店の存在がある故だ。

『一鶴』。丸亀に骨付鳥は数あれど、四国中にその名を轟かす骨付鳥の名店中の名店。1952年香川県丸亀にて創業。以来71年、圧倒的な人気を誇ってきた。

関東の人間からすれば、へーってなもんである。『一鶴』の関東における知名度なんてほとんどない。骨付きの鳥のもも肉まるごと一本。そんなのはどこにでもある。しかし、そこらのトリだと思ったら大間違い。筆者がはじめてそれを食べた時、卒倒するほどの感動を覚えた。

これまで何本食べたのか。特製のスパイスでじっくり焼き上げた『一鶴』のそれは、これまで食べたトリのどれとも違う。それはまさに〝鶏群の一鶴〟だった。一回食べたら、日本骨付党でなくとも市の名前にしてもいいわ。と納得できるほどやみつきになる。

メインの骨付鳥は「おやどり」と「ひなどり」の2種類。皮はパリッと、骨の部分を手に持ちかぶりつけば若さと肉汁がジュワっと弾け飛ぶ。ジューシーすぎるヒナ。そして歯応えがあり、噛み締めると年齢を重ねたトリ人生の旨味ってやつがじわじわと広がっていく通好みの親。どちらも甲乙付けがたく、親かヒナかの〝親ヒナ論争〟は骨付鳥市に長年燻り続ける争いの種となっている。

しかしまぁ、「鳥もも肉一本カブリ付き系」はここ数年で全国的に増えてきたが、『一鶴』は、圧倒的にジューシーでスパイシーでビールが水みたいにすすんでしまう。銀の皿には黄金色の染み出た肉汁がスープみたいに溜まり、これに付け合わせのキャベツや、おにぎりを浸して食べるのだ。鶏の旨味がぎっしり詰まった炊き込みご飯の「とりめし」を選ぶのもいい（スープがまたうまい）。

はじめての出合いから十数年。丸亀と高松に3店ずつ。大阪に2店と希少な存在である『一鶴』は、四国に渡ったらたとえ室戸岬からでも宇和島からでも、無理やり食べに行くよう画策していた。それだけ行く価値がある。おみやげや通販で買うこともできるが、やっぱり店で焼き立てを食べたい。お遍路さんの如く、四国の山を越え、川を渡り「涅槃の道場」である讃岐の国へ。

苦労して辿り着いてこそ、旨味が高まる。そう。人生も親鳥のように、噛めば噛んだだけ味が出る。

なんてことを考えていたのだが、最近になって横浜西口に関東唯一の出店があることを知った。四国と遜色ない。うまい。だけど、なんか悔しいのでやっぱり骨付鳥市で食べることにする。

DATA

株式会社一鶴（香川県丸亀市）。香川県丸亀市、高松市、大阪市、横浜市、福岡市に10店舗展開。おやどり1129円、ひなどり1001円。とりめし（スープ付）534円、むすび357円、かわ酢476円、おや天476円。

〈香川県〉四国の玄関口は、お遍路ではゴールの「涅槃の道場」。人口約93万人。うどん屋の数は88ヵ所じゃ済まない500近く。1万人あたりの割合は全国1位の5.6店。［名物］讃岐うどん、オリーブ、かっしゃ焼き。［その他有名店］こだわり麺や（うどん）、こがね製麺所（うどん）、平本店グループ（うどん）など。

45

山かつ

【徳島県】

とんかつ哀歌

徳島県は愛する妻の故郷だ。それは即ち筆者の故郷でもある。出会って20年、結婚して10年。その前には何の縁もゆかりもなかった人が、家族も含めて自分にとって掛け替えのない人になる。そして、その人が育った土地もまた、自分の人生においての特別な場所になる。この感覚は悪くない。

はじめて徳島を訪れたのは20年も昔になるのだろうか。あの頃は自分でもヒクぐらいの情熱があった。正月に実家へ帰省している彼女にいちいち会いに、鈍行列車が雪で止まりながら一日掛けて関東とはレベルが違うド田舎の駅に降り立った。山・山・山。そして吉野川。山・山……あの鉄塔があるのが眉山（びざん）。待ち合わせたスーパーの駐車場で、プロポーズでもするような勢いで東京から持って行ったバラの花束を渡したら「ああ、うん」とだけ言って車に放り込まれ、とんかつ屋に連れていかれた。

気の無い返事も拍子抜けしたけど、それ以上に徳島の名物って、たらいうどんや徳島ラーメンを期待していたのに、とんかつとは情緒もへったくれもないと随分がっかりしたものだ。

店の名前は「山かつ」といった。昭和生まれの筆者などは、強制的に〝山田かつてない〟とんかつ屋へと変換されてしまい「心配ないからあげ。必ず最後にチキンカツ」（KANの『愛は勝つ』のパロディ。番組で死ぬほどしつこく流れていた）でも出てくるのかと冷笑していたら、出てきたのはやっぱりとんかつで、これを食べてみたら、肉厚でサクサクに揚がっていて、やわらかジューシー……いや、とんかつなんだから、そりゃ美味いに決まっている。それよりもこっちとしては、阿波踊りやうず潮ややまびこ打線を彷彿とさせるような、エキゾチックなド徳島メシがよかったなぁ。なんだかなぁ、となったのを強烈に覚えている。

ただそれも、あとで思い返してみるとお客さんの感覚だったということ。

それから2年、3年、5年、10年と経ち、結婚して子供が生まれてなんて人生が進んでいくうちに、徳島ラーメンも、半田そうめんも、かずら橋で祖谷蕎麦、美馬のそば米汁、鳴門で鯛食べて、小松島でフィッシュカツ、県南で海賊料理なんて徳島名物を一通りコンプリートする。それで理解したことは、名物なんてありがたがって食べるようなものじゃないということ。そして、徳島の人たちはそれが何であろうが「すだちをぶっかける」ということ。さらに言えば、何が起ころうとも絶対に、絶対に「かぼす」と間違えてはいけないこと。県内出身の米津玄師『Ｌｅｍｏｎ』も本心は「Ｓｕｄａｃｈｉ」にしたかったはず。

徳島に来て10年も過ぎる頃になると、何の感慨もなくスシローや餃子の王将でメシを食べるようになる。そして、ようやくはたと気がつくのだ。「山かつ」は、なんてご馳走だったのだろうか、と。

徳島県内に4店舗を展開する山かつは、店の造りからして広々として実に贅沢な空間となっている。国府店などは近くに札所もあるためかお遍路さんもよく来るらしい。とんかつ食べていいのか。いや食べたいでしょう。山かつの豚は「ＹＪＰ」なのだ。やわらか・ジューシー・ピンク。えっ、ピンク？　食欲をそそるうっすらピンクのちょうどいい揚げ加減です。食うかい食うかい？　とんかつ食うかいと、弘法大師も囁いてこようというもの。

なぜならロースは、天皇杯を受賞した宮崎第一ファームの「あじ豚」なのである。飼料にはプレミアム焼酎「百年の孤独」の蔵元の焼酎もろみをブレンドしているとか。サビしい時についい手が伸びてしまうアレを食べているからなのか圧倒的な脂身の美味さである。そして天皇家お墨付きとあらば、食うかい？　でしょう。さらにもうひとつの鹿児島県産の「山麓豚」も柔らかジューシー甘味が強い山かつの二大看板。こちらも、ヒレも当然美味しいうえに、味噌汁も豚汁などから選べて、さらにキャベツだけでなく、自社農園や契約農家さんから仕入れた無農薬のサラダバーがついて来る。鳴門のわかめ、ドレッシングにすだちがあるのはさすがだ。

これだけレベルの高いとんかつ屋は全国を見てもそうあるもんじゃない。

あの時、妻は最高のもてなしをしてくれたのだと今になって気がつくのだ。

出会ってから22年。結婚して11年。口数はみるみると減り、ケンカの絶える日はなく、３年前に妻の実家の近くのスシローの駐車場で大げんかしてそのまま家を追い出されてから徳島の土は踏んでいない。今夜も「夕飯はない」。そんな短い言葉だけを投げつけられ「百年の孤独」に手が伸びる。周りに聞けば夫婦というものは、時間が経てばどこも同じようなものになるらしい。決まってそう諭されるが、それでいいとはとても思えない。

また、あの頃のように山かつに行けたならば。と、この原稿を書きながら山かつのホームページを見ていたら、息子が「俺も山かつ好き。ママと5回は行ったけどね」とマウントを取ってきた。俺はまだ3回しかない。

徳島県は愛する妻の故郷だ。もう一度山かつに行きたい。

DATA

株式会社山のせ（徳島県名西郡石井町）。徳島・香川に7店舗。プレミアムロースかつ定食 白（あじ豚）2178円（山麗豚）2068円、ジャンボ海老フライ定食（1本）2750円。

〈徳島県〉鳴門海峡を渡り鳴門の渦潮、四国三郎吉野川に四国山地と、山と川に囲まれた阿波の国。人口約70万人。「一年のうち阿波踊りと甲子園の8月以外は寝てる」という噂はまんざら嘘でもない。[名物] 鳴門わかめ、鳴門金時、たらいうどん、祖谷そば。[その他有名店] 東大（徳島ラーメン）、やまなみ珈琲（喫茶店）、天山閣（焼肉）など。

46

カリッジュ

【愛媛県】

「からあげ」群雄割拠

　このところ『からあげ』ばかりが目に付く。新型コロナが上陸して以降、外食産業はどうしたってテイクアウト需要の高まりとともに各社とも「からあげ」の取り込みがカギとなっているようだ。

　実際このからあげブームは２０１０年ごろからはじまっており、コロナが上陸する直前の２０１８年頃に大手が乗り出すと、その後コロナの強力な追い風を受けて爆発的に店舗を増やしている。

　代表的なところだと、すかいらーくグループの「から好し」は、テイクアウト需要により、クイックガストが丸々姿を変えただけでなく、持ち帰り専門としてガスト内に併設された店舗が６００店を超えた。「かつや」のアークランドサービスＨＤ「からやま」に「からあげ縁」も好調。テリー伊藤が「梅宮辰夫・すしざんまい社長・カーネル・サンダース」の蠟人形三人娘の牙城を崩すべく人形となったワタミの「から揚げの天才」も次々出店数を増やし。と、くれば当然ブレないモンテローザからは「からあげの鉄人」略して「から鉄」が登場。木曽路の「からしげ」。アキバに上陸した室根からあげ「奥州いわい」。「東京からあげ専門店あげたて」「元祖からあげ本舗」「カラアゲシェーキーズ」なんてものまで、まぁ、雨後のタケノコかコロナのからあげと言いたくなるほどの増殖ぶりである。

　この時代の風を受けて、地方から全国へと打って出る「からあげ豪族」も次々と出現している。

一番に思いつくのは〝からあげの聖地〟こと大分県「中津からあげ」だ。2003年頃から名乗りだし10年ほど前からぼちぼちと関西・東京にも進出。「もり山」「大吉」に「ジョニーのからあげ」。全国に250店舗展開を果たした「鶏笑」なんて巨大チェーンも生まれている。しかし今回取り上げたいのは中津じゃない。がきデカの「死刑！」ポーズの看板が気になってしょうがない福岡の「博多とよ唐亭」でもない。

その地とは四国は愛媛。大分と豊後水道を挟んでのマッチアップは「関サバ・関アジ」「鯛」と同じ獲物が獲れながら帰着した港で名前と値段が変わるという因縁の間柄。ラウンド3はまさかの「鶏のからあげ」だとは誰も思うまいて。

名乗りを上げるは日本最古のからあげと言われる郷土料理「せんざんき」を持つ今治市から南東に車で1時間、愛媛第3の都市・新居浜市。ここに2010年に誕生したのが〝日本一になったからあげ〟を掲げる「カリッジュ」というからあげの持ち帰り専門店だ。

「カリッとジューシーだからカリッジュ」というノリそのままのわかりやすさがウケたのか、開店から10年で新居浜から怒濤の勢いで全国に勢力を伸ばしている。

このカリッジュのからあげの特徴でまず目に付くのがたまごほどの大きな鶏肉だ。これをフランス料理の技法を用い、しょうゆベースのタレをもみ込んでから漬け込み、純正ラードで揚げられる。〝外カリ中ジュワ〟のヒケツは肉汁を引き出すのに最適な塩分と水分の配合だとか。しかも、にんにくやショウガは使わず、小麦やたまごも使わないやさしさなのに、刺激に慣れたジャンクな舌をも満足させる、シンプルなのにしっかりと美味いのが凄い。さらには紅ショウガ、柚子胡椒、カレーに辛いからあげなど、しっかりと味をつけた種類やとりめしなどのサイドメニューも店によって多種多様。1年で新居浜から松山へ。4年目でいまはなき「あげあげサミット」で優勝を果たすと、関西・中部・関東・東北に台湾と次々侵攻しわずか10年で全国へ展開。コロナが落ち着きを見せると共に各からあげ店が苦戦を強いられるようになったが、その人気は衰えておらず。

持ち帰り専門店だけあって当然冷めてもおいしいのだが「揚げたてを食べてもらいたい」とのことから、注文を受けてから揚げはじめる。時間にして15分ほど。できあがれば、家に帰る前にひとつ食べたくなるのが人情だ。いくら冷めても美味いとはいえ、揚げたてのからあげの破壊力の前には為す術なく、思わず店前でつまんでしまう、百合子も激怒の路上食べ。

テイクアウト需要で大躍進を遂げたといわれる「からあげ」だが、コロナ禍ではこんなに生殺しの目に遭う食べ物もない。ようやくである。大手を振って路上で揚げたてが食べられる世の中。行儀は悪いが、悪いものじゃない。

DATA

株式会社カリッジュ（愛媛県新居浜市）。四国地方を中心に全国で89店舗、台湾にも出店している。骨なし唐揚げ1人前（5個）480円、辛い唐揚げ1人前（5個）580円、手羽先唐揚げ1人前（3本）330円。

〈愛媛県〉温暖な気候と瀬戸内海を望むしまなみ海道。松山城に道後温泉と美しい町並み。豊後水道で獲れる絶品のサバやアジは対岸の大分より安く食べられる。人口約130万人。［名物］愛媛みかん、鯛めし、三津浜焼き、じゃこカツ。［その他有名店］がんば亭（うどん）、すしえもん（回転寿司）など。

47 藁焼き鰹たたき明神丸 【高知県】

——明神水産勢

高校生の時の親友・てっちゃんは、名字が明神というムチャクチャかっこいい名前で常に憧れの存在だった。見た目もカッコよくて、性格もクールでやさしくて、それなのにシャレが利くから男女関係なくモテモテ。長く伸ばした後ろ髪が風になびく度にどこかで女が恋に落ちるといわれ、出席番号で前後だった僕はいつも「そもそも明神の姓がカッコよくてずるい」と嫉妬に狂った。てっちゃんが言うには父方の田舎の高知県には明神姓はけっこういるらしい。ウソだよ。そんな神様を冠した姓がやたらめったらいるわけないじゃない——。

それから約10年後。取材で訪れたはじめての高知は、ホントに明神とカツオだらけだった。いや、少し違う。高知で明神といえば泣く子も黙る明神水産。黒潮町の佐賀漁港を拠点に土佐のカツオ一本釣り漁で11年連続漁獲高日本一を誇るいわゆる明神水産勢は、テレビのドキュメンタリーで何度も特集されており、問答無用でカッコいい海の男たちの集団だった。

その明神水産がやっているお店が、土佐の台所・ひろめ市場に2000年に開店した「明神丸」だ。カツオを藁焼きにして天日塩で食べる本場土佐の食べ方にこだわり、目の前で藁を燃やして1000度の炎にカツオが炙られていく様は、SNS映えどころか、煩悩が消し飛ぶぐらい網膜に焼き付いて離れないカッコよさ。この良質な藁を定期的に確保するために漁師なのに明神ファームを立ち上げて米作りをはじめたというこだわりも畏(おそ)れ入った。その藁の香りが風味となり、表面がパリッと焼けたカツオを熱いまま切り分け、ひと切れがぶ厚く風味満点にできあがるカツオのたたき。これは今まで食べたことがない類の本気の美味さだ。明神丸は現在、高知市内に5店舗。本町の方には藁焼き体験ができる明神丸梅野という店もある。一本釣りの漁師たち、店構えに、藁を焼いて炎立つ姿、そして天日塩で食べるスタイルも、すべてがむちゃくちゃカッコよく思えてしまうのは、やっぱり明神という名前のせいもある。

てっちゃん、10年以上会ってないなぁ。明神丸のカツオのタタキの感動の勢いで、古い番号に電話を掛けてみたが出るわけもなかった。元気でいるのだろうか。

DATA　株式会社明神丸（高知県高知市）。高知市内に5店舗。四国・岡山・東京に2店舗ずつ出店。鰹たたき（塩・たれ）5切800円、鰹塩たたき丼1000円、塩たたきの握り5貫480円（すべてひろめ市場店）。［名物］鰹たたき、土佐巻き、うつぼ、アイスクリン。［その他有名店］くいしんぼ如月（弁当屋）、豚太郎（ラーメン）、寿し一貫（回転寿司）。

48

天麩羅処ひらお

【福岡県】

博多の銀バット

何のために生きるのかと問われれば、福岡へ出張するために。と答える。温暖な気候に、うまい酒にメシ。気のいい人たちがいて、ソフトバンクホークスはどうしたって日本一になる。あらゆる面において質が高いのに値段が安い。そこそこよさげな有名店でも道端の屋台でも、福岡に本拠を置くトーカ堂並みの安さは世の中に「リタイア後は福岡移民計画」を心に宿す予備軍を多く生んでいる。まぁ実際に住むとなれば賃金が安いという問題もあるらしいが、それはそれ。「若い男は皆外へと働きに出てしまい、博多の若い男女比は1対20ですぜ」なんてタクシー運転手のアヤシイ耳打ちに、中年心をトキメカセ今日も夜の中洲へ連行される。

かの地で最も頭を悩ませるのがメシだ。とんこつラーメン、うどん、水炊き、もつ鍋、鉄鍋餃子に焼き鳥、魚は絶対に外せない。さらにローカルチェーンも充実して一日3食では足りないほど選択肢があるのだ。これで店選びに失敗したら、東京に帰ってから半年以上落ち込んでしまう。

だから私は「ひらお」へと行く。福岡住みでホークス論評の重鎮タジリさんに教えてもらった地元に愛された店。博多の人間は山笠で夏の訪れを。ホークスの優勝パレードで冬の支度を。そして「ひらお」の天ぷらのタネで季節の変わり目を知る。

福岡空港のすぐ近く。だけど歩いていくにはちょっと遠い東平尾の地に本店を構え、市内に6店舗を展開しているが、どこも行列ができる圧倒的な人気店だ。

福岡は〝天ぷら〟らしい。はじめて知ったが天ぷらは福岡のソウルフードなのだとか。かの地には本格的な天ぷらを早い・美味い・安いで出してくれる店が少なくないが、そのなかでも約40年前から、福岡県民に親しまれてきた店が「ひらお」だ。

その特徴は、揚げたての天ぷらを次から次へと運んでくれる〝揚げては、出し〟方式。ずらーっとカウンターにお客さんが一列に並び、出される天ぷらを黙々と食する姿は、壮大な家族ゲームの食卓シーンか鶏小屋か。券売機で購入する定食は、一番人気の「お好み定食」880円。食券をカウンター越しのおばちゃんに渡せば、ごはんとみそ汁に大根おろしたっぷりの天つゆ。目の前で職人さんが油の中へ次々にタネを投入しては、揚がったものからお客さんの元へと運んでいく。そのネタは玄界灘の魚に、肉・野菜・米と国産を主に産地指定された鮮度の高いネタ。元々が鮮魚店から始まったらしく、市場のセリにも参加できることも、抜群の鮮度を誇る食材を仕入れられる強みだ。

このスタイルの天ぷら店は一時福岡県内で大きな隆盛を誇り、最近は関東各地でも類似店を見かけるが、タジリさんは「最後にはひらおが残りますよ」と、9回のサファテ（鬼）を語る時のような絶対の信頼感を寄せる。

目の前には銀色に輝く空の天ぷらバット。「はい、あなたはエビとイカ」。「こちらはサバとピーマン」なんて言いながら、おばちゃんが天ぷらを振り分ける。

その与えられる感が、なんだかとても心地よく、ひとつを食べ終わると、次のタネ。食べ終わるとまた次のタネと、揚げたてが出て来るタイミングが実に素晴らしい。

「これでおしまいです」と最後のタネを入れられた時の胸を過る寂然とした幸福感。それでいてこの「お好み定食」。ブラックタイガーに九州産の豚。イカと白身魚そこに野菜3品がついて合計7品。これだけついてお値段、880え〜〜ん。

そりゃ、行列もできるわけである。

さらにもうひとつ。この店の〝主役を超えた脇役〟と呼ばれる無料の怪物がテーブルに常備された「イカの塩辛」である。福岡のイカ。なんであんなに美味いのか。

そのイカの塩辛は、ゆずの香りが心地よく、塩辛独特の臭味をまったく感じさせないごはんの盟友。もともとは塩辛嫌いのタジリさんもひらおのおかげでむしろ好物になったという海の恵みは、素材の質と鮮度にこだわりながら、それでいて添加物は使わないため保存期間もわずか5日。薄幸な美少女並の儚さだ。いや、ワタを使わず、醗酵させてないから食べやすいのだとか。

普通に買えば170gで630円なのに、いくら食べても無料。その心意気「全国チェーン店のテーブル惣菜選手権」があれば敵はいないだろう。

だがしかし。2018年には、よっちゃんイカから当たりくじが消えるほど壊滅的なスルメイカの不漁期となった。このひらおの塩辛も材料の高騰から、創業以来はじめて無料提供が中止されるのだが、北海道産のイカを使ったり、量を絞って限定販売のみにしたりと、あらゆる努力を講じた末、半年後には無料提供の再開ができた。

とはいえ、２０２３年現在も依然としてイカ不足は世界的な問題であり、この塩辛がいつなくなってもおかしくない状態は続いている。６月からは一人一皿の限定的な提供になるという。

セーブザ塩辛。セーブザひらお。皆で守っていきましょう。

DATA

有限会社ひらお（福岡県福岡市）。福岡市内に7店舗展開。お好み定食990円、天ぷら定食890円、あじわい定食890円、とり天定食890円、笑定食1100円、持ち帰りいかの塩辛（小・160g）680円。

〈福岡県〉人口約510万人。日本屈指の美味いものが集まる夢の国。［名物］もつ鍋、水炊き、博多ラーメン、うどん、鉄鍋餃子、明太子、おきゅうと。［その他有名店］びっくり亭（焼肉）、ミスタージョージ（ハンバーグ）、テムジン（餃子）、めんちゃんこ亭（めんちゃんこ）、むっちゃん万十（焼き万十）など。

49

資さんうどん・牧のうどん・ウエスト

【福岡県】

うどん三つ巴

福岡はうどんらしい。……いま天ぷらって言ったばかりじゃないか。

でも、きっとそうなのだろう。近年、福岡のうどんは全国的にも注目を集めているし、実際に博多に滞在していると肌感覚で伝わってくる。町で目にするうどん屋の多さ。そして、人々のうどんへの愛。朝にテレビをつければ「ももち浜ストア」（テレビ西日本）の一コーナー「うどんMAP」が人気だ。これ、町で会った県民がおすすめする県内のドローカルうどん店を紹介する企画なのだが、最近では人気がすぎて土曜日に総集編「うどんMAPサタデー」が放送と、朝ドラ並みの扱いだ。

ちなみにこのうどんMAPサタデーの第1回でも紹介されているのが、うどんの製法が日本で最初に伝えられたと言われている「承天寺」（博多駅前）だ。うどんの歴史もまた空海が唐から讃岐に持ってきただのなんだの、諸説がスクランブルにスクランブルを重ねているようだが、境内に建つ「饂飩蕎麦発祥之地」のオール漢字な石碑が持つ説得力たるや、前出の讃岐うどん神社、ファニーな字面とは比べてはいけない気持ちになる。

ただ、それでも日本イチのうどん処はやはり讃岐だ。生産量日本一。平然と〝うどん県〟を名乗ってしまう気概と、うどんのためなら県民総出で茹で釜へサムズアップしながら沈んで行きそうなその殺気。ＳＡＮＵＫＩ。

だが、福岡とて負ける気はさらさらない。

「本当のうどんの本場は福岡たい。恥ずかしいからうどん県なんてよお言わんだけ」

中洲で拾ったタクシーの、カタクチイワシみたいな顔した運転手は表情を変えずに言い放つと、結婚相談所のチラシを渡してきた。福岡県人の性格診断が載っている。

〝男女ともにラーメンよりもうどんが好きな人が多いが、とりあえず麺類の話をしておけばＯＫ〟

だからなんだ。処理の甘い冷やしぶっかけうどんのような生ぬるい空気が流れる。

「うどんに詳しければ福岡の人と仲良くなれるってことですかねぇ」

運転手の口角がにやりと上がった。「間違いないね」。経験者故の自信のようだ。

美男美女揃いと名高い福岡20〜30代の未婚率、全国2位。さぁ、うどんの話をはじめよう。

チェーン系福岡うどんの御三家が「ウエスト」「牧のうどん」「資さんうどん」であることにもはや異存はないだろう。

一般的に言われている福岡うどんの大きな特徴は、ゆるゆるふわふわでコシが弱い、いわゆる「やわうどん」である。だしは昆布煮干し鰹節サバ節などなど。薄口醤油でつゆはすっきり透明で、具にはごぼう天、丸天、肉うどんなどが人気か。

とはいえそれはあくまでもわかりやすさを表現する〝傾向〟であって、ゆるさも段階があれば、だしも具もひとつとして同じものはなし。福岡県内に１２００軒弱あるという店の数だけ個性があるわけだ。

県内で最大の店舗数を出店しているのが「ウエスト」である。1966年創業。福岡を中心に九州全土、千葉と町田にも出店している。そのうどんは、やわらかな中にもちもちとコシが潜む多加水麺。すっきりだしでつるっとシコシコいただける。具は揚げたてのかき揚げ、ごぼう天の安定感は見逃せないが、ネギと天かす入れ放題のためかけうどんだけでも十分いける。

そもそもが、うどんや焼肉、レストランなどが一ヵ所に集まった「味の街ウエスト」という現代でいうところの食フェスみたいな複合外食業態からはじまっている。そのため、現在もうどんだけでなく、そば・焼肉・中華ほか、繁華街や駅前立地では「うどん居酒屋」の形態をよく見る。

これがまた、しこたま飲んで宿に帰る途中に必ず出てくるんだ。あ、せっかくだから、うどんで〆るかなんて、ゴーゴーウエストしてしまうと、またダラダラ飲んでしまう沼仕様。西にはあるんだ夢の国ニンニキニン。

続いて福岡西部から佐賀・長崎などに18店舗。味が落ちないように糸島の製麺所や本店から90分以内の場所にしか出店しないという「釜揚げ牧のうどん」。好きだなぁ。選べる固さは「軟めん」、「中めん」、「硬めん」の3種類。でっかい釜が目印の、ぶっというどん。釜揚げだ。それだけに「軟めん」で頼みたい。水で〆ずに釜からそのまま盛る。故に、つゆを吸って吸って吸いまくる。食べるのが遅いと、瞬く間につゆは消えるのでテーブルには継ぎ足し用のつゆが入ったやかんが常備。足せば足すほどうどんは何かの実験のように増え続け、食べても食べても終わりやしない〝永遠という名のうどん〟。

これが、うまいんだ。吸ってくれ。抗わない。むしろ好きなだけ吸ってくれ。昆布が効いた強めのつゆをふんだんに吸った〝ふわみ〟なうどんの到達点。そこにごぼう天か肉なんて王道もいいが、肉みそが載った「みそうどん」がこのやわうどんにはたまらなくいい。さらに欠かせぬ「かしわご飯」は、ごぼうの風味に鶏の旨味が染み込んだうどんの友。素晴らしい。

そして最後が北九州の雄「資さんうどん」。創業1976年。北九州の労働者に愛され、コンビニよりも早く24時間営業をはじめたという地元じゃ負け知らずのソウルフードである。北九州といえば定番「肉うどん」であるが、資さんでも一番人気はごぼ天肉うどん。うどんはやや細めで平たくコシもあり、前の2店ほどやわらかくはないがもちもちだ。つゆは各店舗でそれぞれにだしをとっている。安定性は欠いてでも優先した〝出来立て〟のうまさ。サバ節がガツンとくる強めのつゆに、甘辛の肉とごぼう天。丼の中央には「資」の文字入りかまぼこ。あとは「とろろ昆布」が無料で入れ放題なのも独特である。

さらに資さんは100種類以上あるというメニューの顔触れがすごい。小倉発祥といわれる「焼きうどん」もあれば「カツとじ丼」「牛肉肉玉丼」など丼ものが充実。お酒は出さないが、その代わりにあるのが、ぼた餅だ。ぼた餅。日本昔ばなしみたいなフォルムのぼた餅は資さんの魂を具現化させたこの店の名物。ぎっしり密度の濃い巨大なあんこを、店員がひとつひとつ手で握ってくれる。僕の心のやらかい場所まで直に握られるような味である。

店内にはおでんコーナーもあるし、持ち帰りのコーナーにもずらり。持ち帰り用のうどんでも買って帰るかと手にすると「讃岐うどん」と書いてある。あれ？　資さんって、讃岐うどんだったの。と店員さんを問い質すと、実際、資さんのうどんは、讃岐うどんの定義である手打ちであり、水や食塩、熟成時間など条件を満たしているらしい。ただ、店内で提供するうどんは福岡県人の好みに合わせてやわめに茹でているのだとか。さらに驚いたことには、資さんうどんがはじまったときの屋号は「さぬきや食品」だったというではないか。

なんという輪廻。うどん輪廻。白い輪の中に博多も讃岐もぐるぐると回るうどんの輪廻。〝うどんの地に減る小腹なし〟なんて吟じたくなるほど、〆る〆ると言いながらまったく〆られずに、気がつけばうどんばっかり食べている。

その白い誘惑は最後の最後まで続くのだ。空港へと続く最後の直線では牧のうどんとウエストが。搭乗手続きを終えても「因幡うどん」と「やりうどん」が、「さぁ〆ろ」「福岡を〆ろ」と言ってくる。

そして、すすらされながら思うのだ。やっぱり福岡はうどんだ。

DATA

【牧のうどん】株式会社釜揚げ牧のうどん（福岡県糸島市）。福岡、佐賀、長崎に18店舗。ごぼう天うどん430円、かしわご飯190円。

【ウエスト】株式会社ウエスト（福岡県福岡市）。福岡を中心とした九州各県、千葉、町田にも出店。うどん、居酒屋、焼肉、生そば、中華料理の形態があり。ごぼう天480円、うどん定食800円。

【資さんうどん】株式会社資さん（福岡県北九州市）。北九州市を中心に九州各県に60店舗。肉ごぼ天うどん760円、焼うどん780円、カツカレーぶっかけうどん930円、おでん100円、ぼたもち150円。

50

河太郎

【福岡県・佐賀県】

イカ踊る町

緊急事態宣言が出てから、毎日家でじっとしている。だけどそれもあと少し。東京に縛り付けられて3ヵ月弱。苦しかった。取材に出たい。地方に行って美味しいものが食べたい。そんなことを思いながら、ぼーっとテレビを見ている。今日も行政改革大臣の会見を見るたび、思い出すのはイカだった。ワクチンがどうたら言うたび、珍奇なマスクが映し出されるたびに、脳裏を過る限りなく透明に近いイカ――。

悲しいことがあると、ひらく河太郎の写真。生け造りにされたあのイカはやさしい目をしていた。

はじめての九州は30年ほど前だ。中洲で食べた一杯のイカが、世界は地続きではなく、九州は他の日本とは根本的な何かが違うことを教えてくれた。

関東の白濁した身しか知らぬ生イカの、透き通りし柔肌よ。コリリと噛めば、味の濃密さ、やがて来る甘さ。美味。はじめてのイカ。すべてが知らぬイカだった。

店の名は河太郎といった。中洲に店を構えて半世紀。チェーン店に括るなど畏れ多い〝イカの活造り〟の発祥を謳う超有名店である。店舗は中洲を本店に、博多駅とイカの聖地佐賀は呼子。ＰａｙＰａｙドーム前の商業施設には昨年「九州はかた大吉寿司」なる回転寿司をオープンし、ホークスはイカまで強いのかと絶望したものだ。

中洲のど真ん中にあっても、日本屈指のイカの聖地、佐賀県は呼子のイカを、新鮮なままに食べさせるため生まれたいけす&活け造りというライブスタイル。それは水温や環境でストレスを感じ、すぐ死ぬイカという超ナイーブボーイをほぼ非接触の一太刀で捌くことで、鮮度を保ったままイカ本来の旨味・甘味を引き出す。でもどうせ鮮度にこだわるなら、日本で唯一のイカと魔法の国、イカすイカ天国〝YOBUKO〟の店まで足を延ばしたい。

一度だけ行ったことがある。佐賀県の最北部。対馬海流と黒潮に揉まれたその町は、漁港の入口からして「イカ踊る町」の看板が掲げられた踊り食い推奨の地だ。のどかな漁港のあちこちには、クリスマスツリーに吊るされたかのようなイカが、永久機関のように風でぐるぐる回っている。さらにイカの即売、イカの生け簀、イカバーガーに、イカしゅうまいの「萬坊」もある四面イカ。とにかくイカ。イカしかない。

日本三大の誉れ高き朝市を抜け、海に面した半島の突端に河太郎はある。町は閑散としていても店の前には人だかり。平日の昼間なのに1時間待ちだ。待ち時間に観光で遠出する人でもいるのか、スピーカーで呼び出される整理番号は、山の上にも聞こえそうな爆音だ。

店に入ればど真ん中に大型の生け簀。季節によって剣先、アオリ、ヤリイカと旬のイカが変わるが、オーダーが入れば網で掬いそのまま捌く即即スタイル。

イカの活造りに、刺身の三点盛りと煮つけ、小鉢のイカしゅうまいなどがついた「河太郎定食」は4600円。「いか活造り定食」は3480円となかなかの値段だが活造り単品で2420円と考えると、むしろ安いだろう。なぜってアレが来るのだ。クリスタルの如く神秘的に透き通る美肌の主が、船盛りに乗ってやってくる。ジム・モリソンもびっくりな水晶のイカ釣り船。一口、ふた口。まだ筋肉細動する透き通った身を口にするたび、煌(きら)めく至福の瞬間。秒ごとに白くなっていくイカの身に、時間と鮮度の概念を捉え、口中は宇宙の彼方、イカ噛んだるで！　イカカンダルで！　へと飛び立っていく。なんて幸せだ。

それが終われば、心のイカりやが登場。「はい、後半参りましょう、後半しゅっぱーつ」と、ゲソの部分を、天ぷら、塩焼き、全刺し、煮つけのどれかで後造りだ。この、ひと粒で二度美味しい『なんか得した感』が凄まじく嬉しい。とはいえ、結局天ぷらしか食べたことがない。なぜならこの美味を知ってしまった以上、他の選択肢など選べやしない。私たちはまた会うのだ。そしていつものように、カラッと揚がったゲソの天ぷらを、最初は塩で、その後塩にレモン汁、最後にわさび醤油で食べては三段殺しされる。もう他のイカは食べられない。イカごみに流されて変わって行く私を。あなたは時々遠くでイカって……。

目が覚めたら夢だった。テレビでは緊急事態宣言が延長されたというニュース。画面の向こう側で、またしても河野太郎がイカっていた。また連絡するよ。

DATA

有限会社河太郎（福岡県福岡市）。福岡に2店、佐賀に1店。元祖！いか活造り2000円〜、クリスタル寿司3630円、鯛かぶと煮1980円、おきうと550円、博多がめ煮660円。

〈佐賀県〉メシも美味いが唐津に伊万里、有田と器も凄い。人口約80万人。かつて佐賀の歌で牛丼の「吉田家」ができるもすぐ閉店。吉野家は5軒ある。［名物］佐賀牛、嬉野茶、シシリアンライス、ムツゴロウ。［その他有名店］萬坊（イカしゅうまい）、からつバーガー（ハンバーガー）、井手ちゃんぽん（ちゃんぽん）など。

51

Joyfull

【大分県】

西日本スタンダード

またしても迷ってしまった。

土地勘のない西日本の夜の闇。国道を走っていればそのうち何か出てくるだろうなんて考えは都会モンの思い上がりでしかないのだ。

「丸亀製麺」が閉まっている。「ガスト」も「ココイチ」も「餃子の王将」も、コンビニですら灯を落とし、周囲の闇と同化している。

いつしか国道は酷道になり、スマートフォンの電池は残りわずか。

命の危険しか感じない田舎町の暗闇と絶望に包まれる最中、昔話に出てくるような旅人を誘う小さな灯りが見えた。

Ｊｏｙｆｕｌｌ（ジョイフル）。それは西日本における旅人のオアシス。修験者の宿坊。犬のおまわりさん。総店舗数６５６店。最近は関東にも増えてきたとはいえ、まだまだ希少。それでもファミリーレストランで出店数3位を誇る西日本の雄は、これまで西日本での取材中に何度も助けられてきた。宮崎のド田舎でスマホの電池も切れ、完全に孤立していたとき。日本海の寒風吹き荒（すさ）ぶ島根の漁師町で遭難しそうになったときもそうだ。

そして、大分での夜。大分はジョイフルの発祥の地。海にも山にも温泉にも、大分中でその姿を見ることができる。そして筆者はまたしてもこの闇夜に浮かぶ黄色地に白の「Ｊ」の看板に助けられた。まるでおとぎばなしのようである。

店に入って、メニューを開けると、モーニングがある。時刻は真夜中。ここは時間の感覚が失われた竜宮城か何かだろうか。いや、そうではない。職業の多様化によって、起きる時間も朝食の時間も様々という現代人の感覚に合わせ、ジョイフルは24時間モーニングをやっているのである。２０１０年代の後半から長時間労働や不採算などを理由に、ファミレスやコンビニで深夜営業から撤退する企業が増えてきたが、そんな世の中にあっても、ジョイフルはいまだ24時間営業を含む比較的長い時間オープンしてくれている非常にありがたい存在だ。

ただ、それでも無傷ではないだろう。外食不況の波はジョイフルとて無関係ではない。最大の武器であった〝驚きの安さ〟もここ数年で他の飲食店同様に値上げを余儀なくされてきたし、コロナ禍以前は取っていなかった深夜料金も、２０２１年からは10パーセントを取るようになった。これに伴い、２０２２年には朝5時〜10時までの「おてごろモーニング」という、ワンランク安いモーニングを新設。最安で３００円を切るトラディショナルジョイフルな価格帯を死守している。

時代が変わり、外見も変わり、中身も少しずつ変わってきた。それでも、ジョイフルが行き倒れになりそうな旅人を救ってくれる場所であることに変わりはない。

ほとんどの店には無料Ｗｉ－Ｆｉとコンセントがあり、あたたかな食事だけでなく電子機器の充電までしてもらえるチャージポイントであるということ。

そしてメニューの多様性だ。とにかくあきない。種類がありすぎる。元が大分ではじまった焼肉屋ということで、肉にはこだわりがあるというハンバーグやステーキはやはり強い。以前まであった「しんけんハンバーグ」は衝撃的に美味かった。なぜやめてしまったのかは不明だが、もう一度やってほしいものだ。さらに和食に中華にパスタにヘルシーメニュー。そして……なぜか大分料理。だんご汁、とり天、ニラ豚定食。これだけ大きく展開しているチェーンのファミレスが大分の郷土色を打ち出すというのは異例だろう。関東でサイゼリヤの客たちが、何がミラノらしさかもわからず「ミラノ風ドリア」と注文している一方で、西日本では100人が100人、明確な理解を持っての「だんご汁定食」だ。すばらしい土着。さすが2代目社長が衆議院議員に3期当選しているだけのことはある。いろいろあったようだけど。

ジョイフルはファミリーレストランだ。だんご汁だけじゃない。若い人への訴求力だってある。

2013年のリブランド以前はやぼったいイメージしかなかったが、最近では人気芸能人やYoutuber、アニメなどを使ってのポップなコラボメニューも積極的に仕掛けているようだ。2023年には、シリーズ完結を迎える大人気アニメ『進撃の巨人』とのコラボがはじまった。トレンドもしっかり押さえているのだ。アッ、作者の諫山創（いさやまはじめ）氏は大分の日田出身だった。進撃の巨人の壁って、あれ日田の山々なんだってね。

　ジョイフルには明確な理由がある。大分。九州から、西日本、そして全国から世界へはばたく大分。かぼすとすだちを間違えるやつはきっと許さない。

　西日本を旅する人の導（しるべ）となる、その「Ｊ」のあかり。リブランドされて生まれ変わったあのロゴ。よく見てみると「どんこ」だった。茶色く傘を広げる肉のバックに白い柄の、あれは大分名物どんこの妖精だったのではないか。

　今日もジョイフルは旅人を迎え、そして癒してくれる。いつかミラノの人々が「大分だんご汁」をすする、そんな未来を期待して。

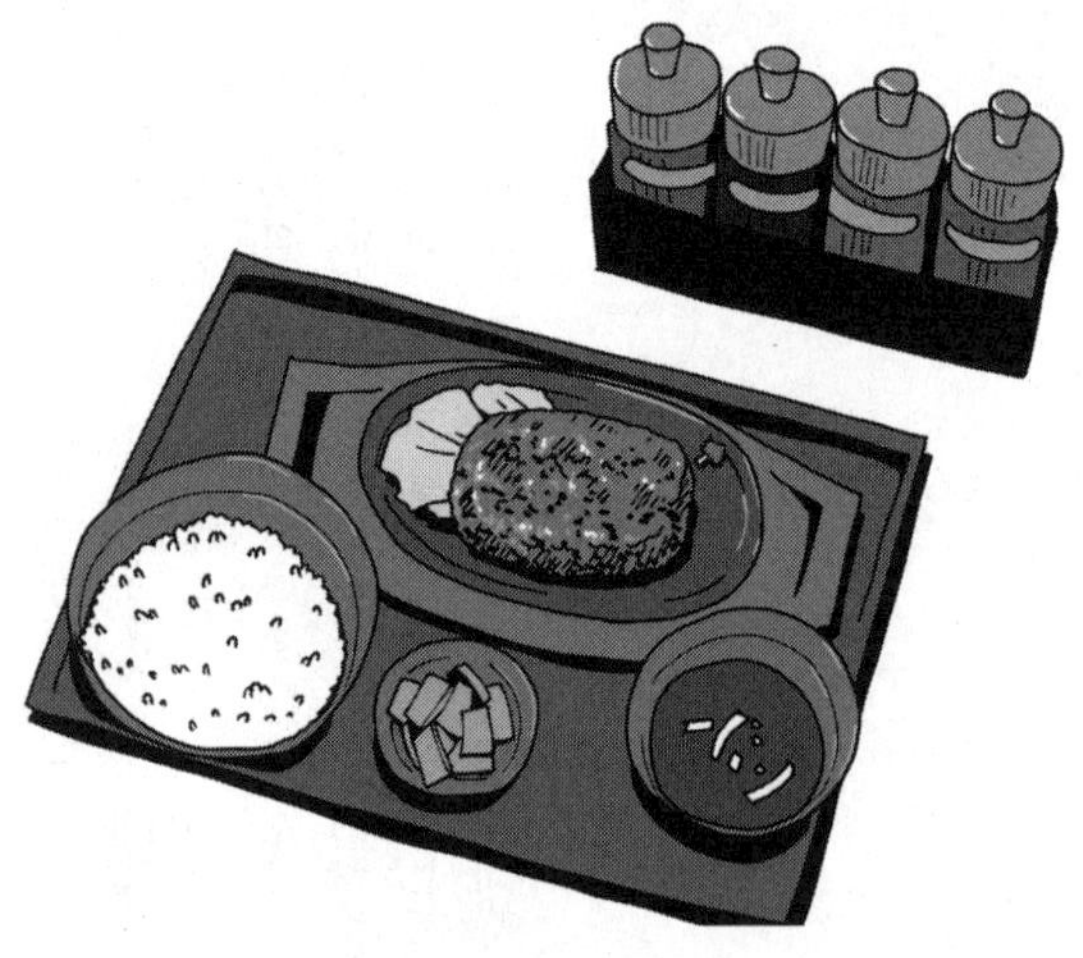

DATA

株式会社ジョイフル（大分県大分市）。全国に656店舗。うち九州エリアに331店舗。ペッパーハンバーグ658円、チーズインハンバーグ658円、ミックスグリル878円、キヌアとサラダのバランスカフェプレート768円、大分名物だんご汁定食（とり天付）955円、肉ごぼう天うどん625円。

〈大分県〉別府・由布院の温泉に豊後水道ブランド魚と天に愛された地。人口約110万人。［名物］どんこ、関サバ、関アジ、城下カレイ、だんご汁。［その他有名店］想夫恋（日田焼きそば）、鳴門うどん（うどん）など。

52

長崎ちゃんぽん リンガーハット

【長崎県】

長崎アイドル

ちゃんぽんはアイドルに似ている。

そんな考えを持つようになったのは、はじめて長崎の地を踏んだ経緯が、ももいろクローバーZを追いかけて「クローバーEXPO」なる稲佐山のライブに行ったことに起因しているからなのだろうか。楽しかったなぁ。

自我のないお子様から、歯のないお年寄りまで。その親しみやすさで心を摑んで離さない「ちゃんぽん」。ああ、なんて可愛らしい語感だろう。あのラーメンともタンメンとも分類できない独特の魅力。豚骨ベースに、魚介や野菜のエキスが染み出した濃厚なスープ、うまみをしっかり嚙みしめられる太麵。さらに山海を巡る豊富な具材には、千差万別大小長短、赤・黄・緑・ピンクに……紫?と、目にも鮮やか。エビ！ コーン！ キャベツ！ かまぼこ！ きくらげ！ 行くぜ、長崎ちゃんポーン！ リンガーハットォォ！

〝私たち、今会いにいける長崎です〟。

そんな声が聞こえてくる。幻聴だ。リンガーハットは筆者のような関東で生まれ育った人間にとっては、身近なところにある長崎だった。郊外のロードサイドに映えた「赤いとんがりお屋根」は実にモダンで象徴的（創業から2年ほどは実際に鐘の音が鳴っていたらしい）であり、そこで食べるちゃんぽんは、あらゆる食材のうまみがまざりあった西洋・中国・日本のハイブリッドな幸福を享受する。瞼を閉じれば、ハウステンボスが、思案橋が、前川清がワワワワーと浮かびくる。それはまだ見ぬ長崎の空の色でもあった。

長崎ちゃんぽん発祥の四海樓や、新地中華街の江山楼などが、本格派のちゃんぽんアーティストであるならば、リンガーハットはどさ回りも辞さないロードサイドの牧歌的なアイドルだ。あったかくって、美味しくって、野菜たっぷり。それでいて安い。こういう店はチェーンでも愛される要素しかない。所沢の「山田うどん」や北陸の「8番らーめん」、福岡の「めんちゃんこ亭」とかね。

だが、そんな地方アイドルたちの中でも、リンガーハットだけは国立（駅前店）から、中野サン（モール）、ZEPP福岡に、ドーム（イオンモール大阪ドームシティ店）も制覇し「BLAZE UP NAGASAKI2018」なんて野外フェスにも出演するなど、日本全国メジャーシーンの第一線を走り続けている。一体なぜそんなことができたのか。

リンガーハットのシンデレラストーリーは、1962年に長崎のとんかつ屋「浜かつ」からはじまる。創業者である米濵4兄弟が、とんかつ片手に地域に根差した地道な商売をしていたところ、その働きぶりを見ていたひとりに、当時の長崎県知事がいた。「彼らならやれるだろう」。メガネを光らせた知事は、浜かつの味を見込んで米濵兄弟をスカウト。「長崎県庁の食堂」という大きな舞台を与えた。兄弟がやれることは、ここでもお客さんひとりひとりに対し全力でパフォーマンスをすること。その味とサービスに、いつしかハコは満員盛況となり、ひとつの伝説をつくる。

時はおりしも、外食元年とされる1970年。大阪万博に登場した「外食チェーン店」という舶来の概念に兄弟たちは、長崎の向こう側に広がる世界を見た。

ただ、世界と戦うにはオリジナルの武器が必要だ。兄弟は世界に通用するあらゆる業態を研究するも、当時の長崎はチェーン未開の地。全国的に大ブームをおこした札幌ラーメンすら撤退に追い込まれるほど、「ちゃんぽん」は地元じゃ敵なしだった。

兄弟は、このちゃんぽんを磨けば、やがて日本全国、そして世界へと連れて行ってくれるスーパースターになれると確信した。だがそれは一方で、長崎という「ちゃんぽん最強地帯」を勝ち抜く味を作らなければならない。兄弟は当時すでに山口県にあった「長崎ちゃんめん」を展開していた会社と、チェーン化デビューのためオリジナル商品の共同開発を行うと、1974年、魚介が中心のちゃんぽんから野菜をふんだんに使ったオリジナル商品をひっさげ、長崎市宿町に「長崎ちゃんめん」1号店をオープン。これが大当たりし3年後には長崎を出て12店舗目を福岡へ。このタイミングでデビュー時からの創成期を支えた「長崎ちゃんめん」が脱退し、グループ名は「長崎ちゃんぽんリンガーハット」へと変更。

「長崎ちゃんぽんを世界の日常食に」という野望の下、2年後には関東へと進出。その後も、'85年に100店、2005年には500店を突破し、郊外型の店舗から大型ショッピングモールのテナント店や、渋谷など東京の大都市にも展開。さらにバンコク、ホーチミン、プノンペンにハワイなどの海外にも進出を果たした。

2008年にはリーマンショックで外食産業が窮地へ追い込まれるも、リンガーハットは翌年から値上げを断行してでも、野菜をすべて国内産へと切り替える大改革を行った。

この国民の意識が健康志向へと変わりゆく潮目をいち早く見切り舵を切ったことで「質の高い安心な野菜をたくさん食べられる」リンガーハットは、女性や家族層からより大きな支持を得るようになり、さらには掟破りのドライブスルーだ。女性向け「リンガール東京」に居酒屋「ちゃんぽん酒場」。麺の2倍無料に低糖質麺だ。皿うどんもあるでよと、老若男女、あらゆるニーズに応えながら「長崎ちゃんぽん」の名は国民的ちゃんぽんへと成り上がっていった。

今では地元民の間から「長崎で一番美味しいちゃんぽんはリンガーハット」という声が聞こえることも少なくない。東京築地の「吉野家」。京都北白川の「天下一品」のあたりでもよく聞く、「本店の味はどの店よりも美味い」という噂は本当なのか。リンガー好きならば一度は行っておかねばなるまい、宿町の本店。

昼時の本店は、ちゃんぽんを日常食としている長崎なだけあって、お客さんの入りも凄まじく、期待感は弥が上にも高ぶる。さぁ念願の「長崎ちゃんぽん」だ。それを一口食べた瞬間。湧き上がってくる感情が思わず口を衝いて出た。

「フッウ！」

いやでもどうなんだろう。誰かに「東京よりウマいでしょ？」と聞かれたら、なんとなくそんな気がしなくもない。確認のため隣にいた前川清似のオッサンに「東京で食べるよりウマいですね」と聞けば「長崎で食べてるからだろ」と一喝。行けどさみしい石畳。

まぁ、考えてみればリンガーハットはチェーン展開する時に、全国どこでも均一の味を提供できるように調理法をすべて同じにした。今ではニューオペレーションシステム（NOS）なる調理システムで一食一食が同じ味、同じ美味しさを再現しているのだから「本店だから美味い」なんてのは、自意識過剰の思い込みにしか過ぎないのだ。

それにより以前は主流だった「鍋振り店」と呼ばれる、目の前で職人が鍋を振る店舗が消え、2020年の8月31日に福岡県「八幡平野店」が閉店したのを最後に鍋振りのリンガーはこの世から姿を消した。これはこれで惜しい。

本店といえど、変わらない。そこが東京ドームでも公園の道端でも、パフォーマンスは全力。それがリンガーハットなのである。でも、何故だろう。この宿町店の聖地感。窓からの見晴らしのいい景色。高い屋根。古い写真と「発祥の地」のプレート。子供の頃に憧れた、脳裏に描いた長崎がここにあると感じる。

それは思い入れがそうさせるのだ。やはり、リンガーハットはアイドルなのだろう。はじまりの地で思いを馳せ、全国どこでも会いに行きたいと願う。

様々な文化がごったまぜになって出来上がった「ちゃんぽん」という奇跡。一見バラバラな個性を持つ食材が一つに集まると、老若男女を魅了する輝きを見せつける。そして、それは時代と共に進化し続け、長崎の名物から、世界の日常食へ。

エビ！　カマボコ！　もやし！　コーン！　ニンジン！

いや違う。あの日の稲佐山「クローバーＥＸＰＯ」にはデビューしたばかりのエビ中こと私立恵比寿中学も出演していたのだ。彼女たちはその5年後にリンガーハットのイメージキャラクターとしてＣＭにも出演するまでになった。ちゃんぽんに魚介だけじゃなく野菜をふんだんにしたリンガーハットらしく、エビ中がベジ中になってるのがポイント高い。

これは父兄の皆様ならずともご起立してしまいます。長崎ちゃんぽんもエビ中です。

DATA

リンガーハットジャパン株式会社（長崎県長崎市）。総店舗数576店。長崎ちゃんぽん690円、長崎皿うどん730円、半チャーハン290円、ぎょうざ（3個）180円、食べるミルクセーキ170円。

〈長崎県〉異国の影響を色濃く残した食文化だけでなく、対馬や壱岐・五島列島などの郷土料理も。人口約127万人。［名物］皿うどん、トルコライス、レモンステーキ、卓袱料理、カステラ。［その他有名店］庄屋（和食）、佐世保バーガー（ハンバーガー）、牛右衛門（ステーキ）、文明堂（カステラ）など。

53

おべんとうのヒライ

【熊本県】

穴があったら詰めたい

最近気づいたのだが、世の中のあらゆる熊本的なものが肌に合うのだ。

妹家族が水前寺公園の前に長く住んでいたこともあって何度訪れたか知らないが、あの町の雰囲気が、空気が、人々の温度感が心地よいのだ。城の見える高い空、雄大な海と山。湧き出る温泉。左門豊作。筆者ぐらいになると阿蘇の大自然どころか、空港から町へ向かう途中にあるドモホルンリンクルの草原にすら抱かれてしまう。

そして、何と言ってもメシが美味い。『菅乃屋』の馬肉フルコースに舌鼓を打ち、『天外天』『黒亭』『桂花』なんて熊本ラーメンや『紅蘭亭』の太平燕（タイピーエン）。そして定番の辛子蓮根に球磨焼酎なんて嗜みながら、ああ最高だと悦に入っていたのだ。

だが、ソウルフードなんてものはやっぱりその土地に住んでみないとわからない。最近になって改めて思い知った。まさか「ちくわサラダ」が名物だったなんてね。

熊本の友達も、町の人も、妹でさえも、そんなこと微塵も教えてくれなかった。問い質してみると全員「別に言うまでもないと思って」と口を揃える。本当の土着とは、こういうものなのかもね。

ちくわ。一説には弥生時代からあるという日本古来の魚のすり身を練り上げたどこにでもある食材。その穴に何を詰めるかはセンスと想像力と地域性が問われるところだ。一般的なものだとチーズやきゅうりあたりだが、札幌だと穴にツナを入れてパンにした「ちくわパン」が大人気となり、群馬県富岡市では衣で揚げた「ホルモン揚げ」が名物となっている。

そして、熊本だ。辛子蓮根を生んだ〝穴があったら詰めたい帝国〟のソウルフード「ちくわサラダ」もまた、穴の中にポテトサラダを入れて天ぷらにしたものだ。

その始祖は熊本のハイブリッドコンビニエンス弁当屋『お弁当のヒライ』。30年以上前に「うまいもの＋うまいもの」でもっと美味しいものができるんじゃないかと試してみたところ、シンプルなはずの1＋1がとんでもないシナジーを起こした。

一口食べたらなるほど。これはうまい。カラリと揚がったちくわの柔肌に包まれたしっとりポテトサラダ。これは知っているようで、食べたことが無い。まったく気取らない素朴な美味さは、よくぞこの組み合わせを見つけたという一点につきる。

このちくわサラダが一本150円。おかずにもおやつにも人気で、年間約200万本販売とダブルミリオンで売れている。それがここ最近のメディア露出や大手コンビニからの全国発売などもあり、ちくわサラダは「ヒライ」の枠組みを越えた〝熊本名物〟としてプッシュされはじめている（その際は『サラダちくわ』とも）。

だが、やはり「ヒライ」のそれは一味違う。いや一味どころじゃない。肉じゃが、大葉チーズ、たまマヨ、カニカマ、アスパラ等々、〝サラダ〟という概念も捨て去り、美味さを求めて穴を埋める純愛様式。少し前は誰とでも寝るくまモンがちくわサラダを抱いていたが、'20年に公式キャラクター「ちくわサラ太」くんがデビューし全国展開へも待ったなし。頭部のポテサラが武丸（特攻の拓）風リーゼントの熱血硬派然りで一本筋が通ってそうなのもいいね。穴、空いてるけど。

『ヒライ』こそが熊本の土着だ。熊本、福岡に100店舗以上。総菜を含む弁当屋と軽食のイートイン。そしてコンビニが融合したロードサイドの何でも屋。できたて弁当の人気ナンバーワンは、自信しかないチキン南蛮、その名も「自信南蛮弁当」だ。宮崎名物へ真っ向勝負な構えは、自信満々に何度も捕まる南蛮王・孟獲のようにリピート確実。たっぷりタルタルに甘酢あん、国産若鶏一枚使用＋大盛りごはんと、自信が漲る勝負弁当だ。

イートインにはそば・うどんに「カリー」と名乗るカレーと、「大江戸カツ丼」、「名古屋海老天丼」と、熊本の地域性をあっさり放棄したどんぶり飯。〝九州ラーメンを知り尽くした男〟と豪語する、山瀬浩敬氏の「山ちゃんラーメン」。チャーハンのセットで610円というさすが肥後もっこす、庶民の味方。

こんな『ヒライ』も、県道沿いが多く車がないとなかなかお目に掛かれなかったが、新しくなった熊本駅のテナントに入り「ちくわサラダ」が山積みになっている。そうそれは。何度でも食べたくなるムシャムシャムシャムシャムシャムシャ返し。穴があったら詰め込みたい。そんな熊本の味です。

DATA

株式会社ヒライ（熊本県熊本市）。熊本・福岡を中心に、九州4県で、弁当・総菜店を約140店舗展開。ちくわサラダ300円、自信南蛮弁当499円、イートインではちゃんぽん500円、海老天牛肉そば510円、ザ・ビストロカリー430円。

〈熊本県〉阿蘇の大地と、都市の上下水道がすべて天然水の熊本市。火の国熊本ひごもっこす。熊本城天守閣も復活。くまもん人口約171万人。［名物］辛子蓮根、馬肉、太平燕、いきなり団子。［その他有名店］菅乃屋（馬肉料理）、桂花（熊本ラーメン）、蜂楽饅頭（饅頭）など。

54

ぎょうざの丸岡

【宮崎県】

第三の町

知り合いが〝ギョーザ王子〟になっていたのだ。宮崎県で。

彼は筆者のデビュー時から付き合いがある編集者で、数年前に気候の温暖な宮崎に移住したという噂は聞いていた。それが、いきなり南の国で〝宮崎ギョーザ王子〟を名乗り、ギョーザのかぶりモノをしてメディアに出ては勝手に宮崎餃子のプロモーション活動をしているのだというから、人間、何が起こるかわからない。

50歳超えて王子と呼ばれるなんざ、宮崎の彼以外では、マニラで拉致された若王子さんぐらいだろうが、それにしたって驚いたのは、宮崎がエライ餃子推しの土地になっていること。ついに「宮崎市ぎょうざ協議会」なんてものまで発足したそうだ。

餃子といえば、宇都宮と浜松が長いことドンパチやりあっている印象だが、宮崎も高鍋町や延岡市に名店を複数抱える有名処。全国的な知名度はイマイチだったが、今年の餃子戦線はなぜかその2強を抑えた宮崎市が「2020年上半期の餃子購入額／購入頻度」の1位に躍り出たのだ。一体何が起きたのか。ギョーザ王子が薄い皮並みのパリパリジューシーな分析をしてくれた。

「もともと、宮崎市は〝持ち帰り餃子〟の文化が発達していたんです。外出する際には、必ず手土産を持って行く習慣があり、家族構成も複数子供がいる家庭が多いので、家で食べられる〝持ち帰り品〟が重宝されるようになったのでしょう。そこへ近年のコロナ禍です。特に緊急事態宣言下の4月、5月に爆発的に数字が伸びたのは、巣ごもり生活でさらに持ち帰りの需要が増えたゆえと推測されます」

そんなギョーザ王子が「死ぬ前に一度食べておかないと成仏できないレベルでおすすめ」と激賞するのが持ち帰り餃子専門の『ぎょうざの丸岡』だ。具材はシンプルなのに、なぜか激ハマりする人が続出。餃子好きの間では名店の誉れ高い同店は、本店の都城を拠点に九州4県と一部関西に展開。工場できたての生餃子は消費期限が4日！　通販は数ヵ月先まで終了しているが、店に行けばまだ買えるというので、はるばる行ってきました。宮崎県は「ぎょうざの丸岡」。

夕方には完売してしまうという店舗には、平日の午前中から駐車場に車がひっきりなしに出入りする。入口にデカデカと掲げられた営業終了時間は〝売切次第〟の4文字。店内はレジ裏に巨大な冷蔵庫と、タレのコーナーがあるのみ。これは本気だ。

〝生ぎょうざ〟は税込みで10個入り260円、30個780円、50個入り1300円と、個数が増えるからって値段が安くなるようなコスイ商売はしない、自信の永遠〝1個当たり26円〟。自社工場で一日40万個を生産しているというその餃子を、おばちゃんや若妻が50個どころか100個、200個なんて単位でポンポン買っていく。消費期限4日だろ？　と不思議に思いつつ、乙女な筆者は命からがら40個を購入。すぐさま宮崎の繁華街ニシタチでスナックを出しているギョーザ王子のところへ調理を依頼。さぁ焼いてくれ！　すると王子はパックを開封し、ひとつずつ水洗いしはじめた。「王子さま！　それカブトムシの幼虫ちゃいます！　餃子です！」と諫めると、王子は哀しそうな顔をしてつぶやいた。

「こうやってね、粉を水で落とすと皮がモチモチに焼き上がるの」。

へー。なるほどたしかに。焼き上がった餃子は、一般的なサイズの7掛けぐらいの小ぶりで、これなら女の子でも30個はいけそうだなぁ……なんて思いながらひとくち食べたら……ひっくり返った。

薄い皮はモチモチの焼き面がパリパリ。具材の半分以上というキャベツのシャキシャキ食感と上品な甘味に、豚肉、ニンニク、青ネギが奥深く味を引き立たせる。この具材のシンプルさからは想像もつかない常習性を生むクセになりそうな味。今でも毎朝社長自らが仕込みをしているというが、これが魔術でなければ、手間暇と職人の腕の賜物だろう。さらに「ぎょうざのたれ」や「みそだれ」などがまた格別。宮崎のドンキなどで売っている「日向夏ドレッシング」もおすすめだと王子は誇らしげだ。

で、先日。ギョーザ王子は宮崎市議選挙に立候補していた。ギョーザのかぶりモノをしたまま。惜しくも落選したようだ。何というか……人間もギョーザも何が起こるかわからない。がんばれ。

DATA

有限会社ぎょうざの丸岡（宮崎県都城市）。持ち帰り餃子専門店を宮崎・福岡・熊本・鹿児島に16店舗営業中。通販では「ぎょうざ」・「しょうが入りぎょうざ」共に50個入り1550円、40個入り1240円。焼きぎょうざのタレ98円。

〈宮崎県〉温暖な気候と神話の国。人口約104万人。世帯数全国34位でも2年連続餃子世帯購入額日本一。［名物］チキン南蛮、宮崎餃子、辛麺、肉巻きおにぎり、マンゴー。［その他有名店］きっちょううどん（うどん）、おぐら（チキン南蛮）、桝元（辛麺）、つぼや（ホルモン）など。

55

そば茶屋 吹上庵／いちにぃさん

【鹿児島県】

敬天愛豚

錦江湾に日が昇ると、海が赤く血の色に燃えはじめるのだ。

生命力しか感じない桜島の立ち昇り続ける噴煙とゴツゴツとした岩肌に、ピリピリとした本能的な命の危機を感じながら、鹿児島に来たもんだと実感する。

人はどの山を見て育つかで人柄が変わるような気がしていて、富士山という象徴を遠くに眺めて育った筆者のような当事者意識の薄い関東人からすれば、次の瞬間に爆発してもおかしくない火山の真下で育った薩摩隼人の精神力が強いのは至極納得。薩摩の剣法である示現流が〝一の太刀〟ですべて決着をつけようというのも、実にチェストなのである。

中心地は南九州最大のアーケード街を誇る天文館。鹿児島が誇る郷土料理や鹿児島ラーメンの店などが居並ぶ繁華街で、気になるのは札幌から来たというシロクマのはく製が入口で殺気を放つ4階建てのあのビル。薩摩的かき氷「しろくま」を昭和22年に考案したといわれる「むじゃき」である。自家製のミルク&蜜、フルーツがちりばめられ白熊の顔に見えることからこの名がついた、世界で唯一の南国に生息する白熊。薩摩隼人の待ち合わせは永田シロアリ研究所の「殺し屋」(と書いてあるシャッター)前。今でも幕府隠密を闇で葬るため暗号を使っているんじゃないかと疑うほど、薩摩はいちいち命の危険を感じてしまう。

そんな鹿児島でチェーン店の聖地みたいになっている場所が、鴨池地区の海沿い、与次郎浜だ。かつて海軍の基地と飛行場があった同地は、'70年代の再開発で図書館などの文化施設・スタジアムなどの運動施設に、鴨池マリンパーク（現在は閉園）のシンボルタワーが聳え立った鹿児島の一大エンターテイメントエリア。その入口には坂本龍馬・おりょう夫妻の日本初の新婚旅行の碑があるように、ファミリー向けチェーン飲食店も数多く出店している。

中心にはかつてロッテオリオンズの選手が鹿児島キャンプで宿泊し、カネやんが「やったるでー」と吼えていたサンロイヤルホテルがドンとあり、そこを取り囲むようにして、西に鹿児島ラーメンの「ざぼん」が謎の集落を作り、南には担々麺の「満正苑」。東は「焼肉なべしま」と「ふぁみり庵　はいから亭」の焼肉エリア。そして、北を流れる川沿いには、「そば茶屋　吹上庵」が水車をカラカラと回している。

注目は県内に17店舗を展開する吹上庵だ。鹿児島は焼酎の産地ですっかり芋だと思い込んでいたが、西日本ではトップクラスのそば消費量らしい。原点だという「かけそば」は、太麺・細麺が選べる挽きたて茹でたてのそばに、鹿児島の生醤油とザラメ・みりんを調合した本返しに鰹節のだしを掛け合わせた甘めのつゆが実に上品で、寄り添うさつま揚げの有難み。命の危険を感じ過ぎていたからだろうか、心の底からホッとする。

だが、そんな癒しの店でも戦場になってしまうのが毎年10月8日。この「そばの日」に吹上庵は３００円でかけそば食べ放題を行い、大晦日の年越しそば並みの大行列ができる。鹿児島県民のそば消費量は、この2日でぶち上げていたという噂も満更でもなさそうだ。そして、そばの日以外でも食べ放題なのが、オーダー後に出てくる「大根の一夜漬け」。これがさっぱり七味も効いて実にくせになる。そばにうどんに丼ものにと、相性も素晴らしい。さらに、峠なべに玉子焼き、とろ焼き（とろろ焼き）など、膝を打つような逸品揃い。しまいに鹿児島名物の「黒豚そば」を食べて、「あぁなんて美味いのだろうか」と悟ってしまったら、おや、この道はまだ先に続いている……ということに気がつく。

店を出て甲突川沿いに15分ほど歩いた下荒田の川の畔に、高級料亭然りとした佇まいの門構えが見えてくる。あれが同グループの「遊食菜彩　いちにぃさん」である。この「いちにぃさん」、さつま黒豚の専門店を謳い、名物は黒豚しゃぶしゃぶなのだが、さすがは吹上庵から派生した店だけあって、そばつゆでしゃぶしゃぶをいただくのが最大の特徴。そばつゆのまろやかな味わいは黒豚の旨味をグッと引き出し、身悶えるは必定だ。一番安い「いち」のコースでも３５００円で黒豚しゃぶしゃぶのセットに、小鉢と黒豚重ねかつ、一品料理に一口蒸し寿司と豚汁にデザート。さらに〆の生そばまでがついてくる大編隊。白木のカウンター席に通されたので、目の前の職人さん相手に鹿児島おもしろ話を聞きながら、黒豚に舌鼓を打ちつつ、２杯目の芋焼酎に突き出しのみそをしゃぶる。この幸せはなんだ。

　メニューを見れば、この〝黒豚〟が、蒸ししゃぶに、とんかつ、コロッケ、角煮、黒酢あんかけ、みそ麹焼き、豚足、ミミガーと「鳴き声以外は食べられる」と言った楊貴妃も驚く敬天愛豚の大活躍ぶり。だけど豚だけじゃない。デザートには「しろくま」もしっかりとあった。すごいよ。本当にすごい。こういう店があるから旅先の地元チェーンは侮れない。いやチェーン店といっちゃいけんのかもしれんが、九州の南の端まで来た甲斐があった。

　と、えらく感動して東京へ帰った翌月。会食で訪れた銀座で「すごく美味しい高級しゃぶしゃぶ」と聞いて入った店には「いちにぃさん」と書いてあった。なるほど鹿児島本店より数百円高い高級店だ。ちなみに札幌でも食べられるらしい。豚が南から北へ走っていく。風は南から。チェーン店、万歳。

DATA

株式会社フェニックス（鹿児島県鹿児島市）。鹿児島県内に17店舗。かけそば350円、黒豚しゃぶそば750円、板そば730円。【いちにぃさん】鹿児島4店舗、東京2店舗、札幌1店舗。元祖そばつゆ仕立て黒豚しゃぶコース（さんの味）6000円。

〈鹿児島県〉桜島の噴火は日常茶飯事。シラス台地に焼酎、黒豚、示現流。人口約155万人薩摩隼人もおごじょも皆チェスト。［名物］さつまあげ、黒豚、鶏飯、しろくま。［その他有名店］なべしま（焼肉）、竹亭（とんかつ）、ふく福（和食）、ざぼん（ラーメン）など。

56

Jef

【沖縄県】

ゴーヤの知恵と工夫

今年も2月はキャンプ取材で沖縄だ。もう何年になるだろう。いつの間にか高齢となり、ステーキもキツくなってきた。優しいものが食べたい。ならばここだろう。沖縄が生んだヘルシー&トリッキー「Ｊｅｆ」。それは阪神の救援陣でもなければ松田聖子のステディでもない。エンダ～ことA&Wに続く、沖縄ローカルハンバーガーチェーンである。

元はアメリカからやってきたA&Wのフランチャイズからはじまり、１９８６年にＪｅｆとして独立。沖縄県産の食材にこだわったオリジナルが過ぎるメニューを揃え、県南部、与那原・豊見城・サンライズ那覇の3店舗を展開。沖縄の沖縄県人による沖縄県人のためのハンバーガー屋なのである。

その名は〝Japan excellent food〟の略称なのであるが、日本というか完全に沖縄に寄ったメニューと言っていいだろう。看板は「ゴーヤーバーガー」「ぬーやるバーガー」アンド「ぜんざい」。これである。ゴーヤにメインを張らせる肝の据わり方。ゴーヤが栄養満点の野菜だということは百も承知。ゴーヤも人生も苦味が旨味であるという言い分も受け容れよう。だが、それだけで飽食ニッポン数多の外食選択肢から、ゴーヤを積極的に食べようとは思わない。たまの沖縄ならば物珍しさにチャンプルでも食べるが、住んでいたら「嫌いな食べ物」に入る自信がある。苦いんだもの。だが、ゴーヤーバーガーの思想も似たところからはじまっている。曰く、社長さんが子供の頃からゴーヤが苦手だったから、食べやすいようにハンバーガーにしたところからはじまったのだとか。「沖縄人全員ゴーヤ好きだと思うなよ」という、知恵と工夫が凝らされたバーガー。ゴーヤを卵でとじてマヨネーズソースと共にバンズで挟む。なるほどゴーヤであることはわかるが、嫌じゃない。子供に食べさせる、苦手意識を払拭するには有効だ。ランチョンミートとチーズでさらに食べやすくなった「ぬーやる」は沖縄方言でいうところの「なんじゃこりゃあああ」。ジーパン刑事もケチャップにまみれる。

もちろん、ごまかしのない〝ゴーヤらしいゴーヤ〟を堪能したい人にも、Ｊｅｆのゴーヤ推しはエグイ。肉厚のゴーヤをそのまま揚げちまったゴーヤーリング。夏場にはゴーヤージュースにゴーヤースカッシュとどこにも逃げ場のないゴーヤが立ちはだかる。

だが、ゴーヤはＪｅｆのほんの一部に過ぎない。このＪｅｆという場所にはインパクトと手弁当感あふれるメニューが続々と生み出されている。先日はおからバーガーが出たが、パスタもやればハムサンドもあって、モーニングでフレンチトースト、ランチではポーク卵定食とボーダーを超えてくる。全長15センチのビッグなポークサンドがあれば、ちっこいちっこいミニバーガー。油みそのおにぎりとチキンのセット。一部には東シナ海で一番美味いと評判のオレンジジュースもあれば、極めつけは隠れた沖縄名物「ぜんざい」である。そう沖縄では白玉小豆のかき氷のことを「ぜんざい」と呼ぶ。だがＪｅｆの次元はさらに上層にある。ウラのウラはオモテ。その、ホットぜんざい。出てくるものはボクらの知る「ぜんざい」だ。塩昆布もついてくるぜ！　Japan excellent food！

ちなみにＪｅｆにはＡ＆Ｗ同様、車を停めたまま食べられるドライブインがあるのもいい。ホームページの文句でも「気分はアメリカン　ドライブイン！」と煽っていた。夏の日にオープンカーでハンバーガーとしゃれこもうと思ったら、正気にかえると目の前にあるのがゴーヤーフライとぜんざい。ああ、オープンカーだと思ったらキビ刈り軽トラの荷台だった。

この圧倒的Ｊｅｆ世界を統べているのは「わしは、ゴーヤー博士じゃ」でおなじみ、オリジナルキャラの「ゴーヤー博士」だ。白衣に戴冠。緑のボコボコ肌。美味しいけど思いつきで発明して、散らかりまくってしまったＪｅｆの王にしてメニューの開発者。１９９３年生まれだから30歳。やべぇやつしか発明してこないマッドな博士かと思いきや、スペシャルビーフハンバーガーとか普通に美味しいメニューもいっぱい発明している。夏には「シャーベットぜんざい」も出していて、意外と常識人である。

DATA

ジェフ沖縄株式会社（沖縄県島尻郡与那原町）。沖縄南部に3店舗。ゴーヤーバーガー400円、ゴーヤーリングL420円、おにぎり130円、ポークと玉子550円、ルートビアM270円、黒糖シャーベットぜんざい370円。

〈沖縄県〉琉球料理と統治時代以降のアメリカ食文化がちゃんぷるされた沖縄料理。吉野家のタコライスなど全国チェーンも沖縄版に。人口約146万人。［名物］ゴーヤ料理、沖縄そば、ポーク玉子。［その他有名店］A＆W（ハンバーガー）、ステーキハウス88（ステーキ）、ブルーシール（アイス）など。

あとがきみたいな特別編　大江戸温泉物語

父が死んだのは新型コロナが到来する直前、２０１９年の７月のことだ。

末期の肺がんの宣告を受けてから６年。諦めやすいわりに随分と頑張ってくれた。最初の宣告からの闘病期間に、肺だけじゃなく、胃がんも併発して、胃袋の全摘出をしたかと思えば、肺炎やら、アスペルギルスやらで息をするだけで肺に穴が開き、最後は呼吸不全で逝ってしまった。

前にも何度か書いたが、このチェーン店のシリーズは、父さんに向けて書いているようなところがあって、それというのも僕の食の好みや考え方が、偏食家たる父さんの好みにえらい影響を受けているという自負があったからだ。それは今際の際でもすごく興味深くて、よく〝親の最後の務めは自身の死に行く姿を子供に見せること〟なんて聞くが、なるほど父さんは最後の最後まで色々なことを僕に教えてくれた。

最たるものは「人間、死ぬまで美味いもんを食べ続けたい」という欲求があるのだということ。胃袋を全摘出していた父さんは、それでも最後まで食欲が落ちなかった。食べても身体は受け付けないのだが「芋羊羹が欲しい」「チキンラーメン」「塩昆布」と最後まで、円谷幸吉も驚くばかりの食への欲求と「おいしゅうございました」が途絶えなかった。

一番驚いたのは亡くなる半年前、２月の旅行だった。再び動き出したがんのおかげで２０１８年の年末頃から調子を崩し、身体はどんどん痩せ衰えていった。誰もがおそらくこれが最後の旅になるだろうという暗黙の了解のなか、計画された家族旅行。発案者は僕だ。息子としては、これまでの父への恩義であり、立派に大人になりましたという証を、この一宿一飯に込めて返そうと鼻息も荒く、あらゆる手段を使って、日本全国古今東西、一流と言われる美食の宿の候補と共に、プレゼンをしたのだ。

なのに、父さんの答えは「バイキング」だった。

１泊２食８９００円の『大江戸温泉物語』。なぜ、そこを選ぶ。微妙だ。微妙すぎる。お台場のスーパー銭湯じゃないの？　と思っていたら、いつの間にか全国各地の経営破綻した有名ホテルや温泉宿を買収し、インバウンド需要を見越して和洋中のバイキングと安い値段がウリの宿に次々リニューアルさせて一大温泉グループになっていた印象だ。

父が希望したのはそのグループのひとつで、熱海にある『ホテル水葉亭』だった。かつて昭和の大宰相・中曽根総理大臣が定宿としていた名門の宿で、『いつかはああいう宿に行ってみたい』という憧れがあったらしい。

だが、令和の時代となった今となっては、外郭は同じでも中身はまったくの別物。なにより夕飯がバイキングなのだ。胃袋がないのに、こんな笑い話あるだろうか。

「あんた、今の状況わかっているのか。自分の最後の晩餐だろ？　いくら、息子がチェーン店の本を出しているからって、最後に高級旅館に泊まらせるぐらいの甲斐性はあるわ」

そんな息子の説得にも父さんは頑として譲らず、最後の旅を『ホテル水葉亭』で強行採決してしまう。

昔からこれと決めたメシのことは絶対に譲らなかった。20年ほど昔、妹が結婚する前の最後の家族旅行でも、父さんが選んできたのはよりにもよってスポーツ新聞の広告に出ていたカニ食べ放題つきの観光ホテルだった。最後の夜に家族で話したい思い出は山ほどあるのに、なんで無口になるしかないカニ食べ放題を選ぶのだ。そんな意見も父さんの食の要望ひいては団塊のカニ食べ放題幻想以上に勝る要素はなく、今も家族全員、あの旅行ではカニをほじくっていた記憶しか残っていない。

今回もまた同じことになるのではないか。親孝行全開モードが不完全燃焼となり、半分不貞腐れて行った『水葉亭』。そりゃね。1万円ほどの宿のレベルとしては確かによかった。建物は居抜きなので、部屋の造りも温泉から眺める海のロケーションも素晴らしい。

バイキングだって、和洋中にエスニック、近海で獲れた新鮮な鯛の刺し身なんてものまで、世界中のありとあらゆる料理が集まる食いしん坊万博みたいな様相だった。

父さんも杖をついてよろめきながら、うれしそうにあちこちから少しずつ料理をとってくる。刺し身に天ぷらにステーキに寿司。果ては「せめてもの贅沢を」と、別料金で注文した特大アワビも完食してしまう。何故、こんなに食べられるのだろう。驚いている傍でまた小籠包を持ってくる。いっぱいになる腹もないのに、おいしいおいしいと言って食べる父さん。「これ美味いぞ、たくさん食べろよ」とよくわかんない中華料理をくれる父さんを見ていたら、なんだか無性に泣けてきた。

僕は食べた。そのわけがわかんない中華も、ステーキも、和も洋もひっくるめてむちゃくちゃに食べてやった。最後には家族全員が食べ過ぎて、身動きできず、夜の散歩にも行けず、部屋でウンウンと唸ってそのまま寝る。なんだこれ……本当にこれが最後の晩餐でよかったのか。

翌朝、部屋を出るときに、父がアンケートを書いていたので、咄嗟に写真を撮っておいた。その文面を今、原稿を書くために見直している。

そこには、こんなことが書いてあった。

「今回初めて利用させていただきましたが感激しております。（中略）何と言っても食事の豪華さが素晴らしく、最高のバイキングです。息子もまた来たいと感激していて最高の思い出になりました。素晴らしいホテルを作り出してくれて有難うございました」

ちくしょう。なんでバイキングごときでそんなに感動してんだよ。数万円するような高級ディナーだって、食べたことのない世界の珍味だって、食べてくれたってよかったんだ。

「息子もまた来たいと感激していた」ってなんだよ。不貞腐れてやけ食いしてただけなのに。たくさん食べろって、それが見たかったのかよ。そんなことを書かれたら、ここが父さんとの思い出の宿になってしまうじゃないか。ふざけんなよ。どんだけ息子をチェーン店好きにさせるんだって。

父さんは、最後にきんつばが食べたいって言っていたから、金沢の出張ついでに買ってきたのだ。そしたら容態が急変してさ。意識がほぼなくなっていたんだけど、耳元で「賞味期限、明後日だから早く良くならないと食べちゃうよ」と言ったら、笑った。それが僕と父さんとの最後のやりとりだった。

葬式で母が棺の中に『散歩の達人』を入れていたから「古本の焼却炉じゃねえんだ」と怒ったら、毎月この本の元になっている『散歩の達人』の連載を楽しみにしていて、発売日には必ず本屋まで歩いて行っていたんだって。

父さん。あのくだらない連載をまとめた『気がつけばチェーン店ばかりでメシを食べている』。3冊目はこんな感じになりました。ありがとう。

本書は講談社文庫オリジナルです。

|著者| 村瀬秀信　1975年神奈川県茅ヶ崎市生まれ。ライター、コラムニスト。著書に『気がつけばチェーン店ばかりでメシを食べている』『それでも気がつけばチェーン店ばかりでメシを食べている』『プロ野球 最期の言葉』『4522敗の記憶 ホエールズ&ベイスターズ涙の球団史』『止めたバットでツーベース』『ドラフト最下位』などがある。

地方に行っても気がつけば チェーン店ばかりでメシを食べている

村瀬秀信

定価はカバーに表示してあります

2023年6月15日第1刷発行

発行者――鈴木章一
発行所――株式会社 講談社
東京都文京区音羽2-12-21　〒112-8001
電話 出版 (03) 5395-3510
　　 販売 (03) 5395-5817
　　 業務 (03) 5395-3615

Printed in Japan

デザイン―菊地信義
本文データ制作―講談社デジタル製作
印刷―――株式会社KPSプロダクツ
製本―――株式会社国宝社

ISBN978-4-06-531916-1

講談社文庫刊行の辞

二十一世紀の到来を目睫に望みながら、われわれはいま、人類史上かつて例を見ない巨大な転換期をむかえようとしている。

世界も、日本も、激動の予兆に対する期待とおののきを内に蔵して、未知の時代に歩み入ろうとしている。このときにあたり、創業の人野間清治の「ナショナル・エデュケイター」への志を現代に甦らせようと意図して、われわれはここに古今の文芸作品はいうまでもなく、ひろく人文・社会・自然の諸科学から東西の名著を網羅する、新しい綜合文庫の発刊を決意した。

激動の転換期はまた断絶の時代である。われわれは戦後二十五年間の出版文化のありかたへの深い反省をこめて、この断絶の時代にあえて人間的な持続を求めようとする。いたずらに浮薄な商業主義のあだ花を追い求めることなく、長期にわたって良書に生命をあたえようとつとめるところにしか、今後の出版文化の真の繁栄はあり得ないと信じるからである。

同時にわれわれはこの綜合文庫の刊行を通じて、人文・社会・自然の諸科学が、結局人間の学にほかならないことを立証しようと願っている。かつて知識とは、「汝自身を知る」ことにつきていた。現代社会の瑣末な情報の氾濫のなかから、力強い知識の源泉を掘り起し、技術文明のただなかに、生きた人間の姿を復活させること。それこそわれわれの切なる希求である。

われわれは権威に盲従せず、俗流に媚びることなく、渾然一体となって日本の「草の根」をかたちづくる若く新しい世代の人々に、心をこめてこの新しい綜合文庫をおくり届けたい。それは知識の泉であるとともに感受性のふるさとであり、もっとも有機的に組織され、社会に開かれた万人のための大学をめざしている。大方の支援と協力を衷心より切望してやまない。

一九七一年七月

野間省一